はじめに

「ビジネス実践取引演習」（スーパー実践くん6）を学習するにあたって

「スーパートレード21」のビジネス実践編「スーパー実践くん6」は、総合実践の同時同業法や模擬実践の学習を行うソフトウェアです。

本ソフトウェアの学習は、生徒が商社（卸売商・小売商）を設立開業し、経営者や社員として経理の業務や、仕入れ、販売の業務等の仕組みや商品・お金の流れ等を学習します。

伝票を中心に元帳や補助簿の記帳をキーボードで入力し、正誤をチェックする事で総合実践、コンピュータ会計の学習を効果的に行う事が可能です。

また、簿記の学習にも利用できますので種々のテキストに合わせた自由な学習が可能です。

演習の基本概念

1. 市場の組織構成

市場は複数市場での取引が可能です。市場を意識的にわけて運用する場合は、事前に管理者が市場マスターで登録し、会社を設立するときに市場を選択します。

例）東京かんだ商店（東京市場）、大阪なにわ商店（大阪市場）等

2. 会社設立から商品の売買取引

2-1. 同時同業取引の場合

会社は生徒一人一人が設立し、既に設定してある会社との取引を行うように学習を進めます。

会社を設立開業し、銀行に当座の開設をして実際の商品売買の取引を行ないます。

演習問題で設定されている会社名は、必要に応じて各地域の名称に変更して利用する事も可能です。

この場合、管理者が運用管理で各演習コースのマスター変更を行うか、新規の演習コースを作成して取引先、商品、勘定科目の設定（追加・修正・削除）を行う。

2-2. 模擬実践取引の場合

会社は事前に設定しておくか、又は代表者が会社を設立し、その会社に社員として参加して経理、仕入れ及び販売の担当を決めて数名で会社を運営する形で演習を進めます。

・各市場の卸売商社は商品を他市場の卸売商社から仕入れます。

取引に当っては1回目の取引は演習問題に沿って仕入れを行ないます。

2回目の取引は2社以上に見積依頼を出し、見積金額の安いほうから購入します。

・他市場から仕入れた商品は同一市場の小売商に販売します。

また、小売商は地元の管理部へ各商品標準価格で売り渡します。

数量と価格については各商社が売渡申込書に記入します。

2-3. 学校間取引の場合

基本的に模擬実践取引と同じですが、インターネットを利用して他の学校との模擬取引になります。

また、それぞれの学校（商社）は各地域の特産品や物産を取扱い、他の地域の学校（商社）へ販売します。

管理部がそれぞれの地域の総合商社となり、その地域の商社は総合商社より地元物産を仕入れ、他の市場の商社に販売します。

1

また、各地の商社はオリジナル商品を企画し、地元の総合商社（管理部）に製造を委託し、その商品を仕入れて他市場に販売する事が新たな取り組みになります。

3. 消費税について

課税取引　事業者が事業として対価を得て行うほとんどの取引が課税取引となります。海外に販売する輸出取引も本来は課税取引ですが、諸外国に消費税を負担させられないので、税率は0税率と決められています。これを輸出免税といいます。輸入取引については、国内取引とされる事から、消費税が課せられます。

非課税取引　取引の性格上消費税を課する事になじまない物や社会政策的な配慮から消費税を課されない取引を非課税取引といい、全部で15種類あります。

①土地の譲渡、貸付など　②社債、株式等の譲渡、支払い手段の譲渡など　③利子、保証料、保険料など　④郵便切手、印紙などの譲渡　⑤商品券、プリペイドカードなどの譲渡　⑥住民票、戸籍抄本等の行政手数料など　⑦国際郵便為替、外国為替など　⑧社会保健医療など　⑨社会福祉事業など　⑩お産費用など　⑪埋葬料、火葬料　⑫身体障害者用の物品の譲渡・貸付など　⑬学校教育法に規定されている学校の授業料、入学金、入学検定料、施設設備費など　⑭教科用図書の譲渡　⑮住宅の貸し付け

不課税取引　消費税には、課税取引にも非課税取引にも該当しない取引があります。これを不課税取引といいます。国外で行なわれた取引や事業として対価を得た取引でない物が該当します。例えば、生活用資産の譲渡、補償金、損害賠償金、給与の支払い、寄付行為などがあげられます。

○商品やサービスを提供し、本体価格とそれにかかる消費税額を合計した金額を表示する事を「内税表示」または「総額表示」といいます。2004年4月から小売店等が不特定多数に販売する場合、店頭に貼る値札の段階で消費税額を含めた総額を表示しなければならなくなりました。

ただ、商社間の取引に関しては今まで通り「外税」（取引の本体価格と消費税が別）で処理をしても良い事になっていますので、このテキストの第1章では外税取引、第2章では内税取引として説明してあります。

事業者にも課税事業者と免税事業者がいますが、このテキストでは原則として課税事業者として扱います。

4. 記帳方法

3分法によって記帳を行ないます。

期首に前期からの繰越商品を期首商品棚卸高に振り替える。

決算のときの商品売買益（損）は、期中の純仕入高と期末の棚卸（期末商品棚卸高）より求めます。

商品売買益（損）　＝　純売上高　－　売上原価

売上原価　　　　　＝　期首商品棚卸高　＋　純仕入高　－　期末商品棚卸高

商品有高帳の処理は原則として先入先出法を使用しますが、移動平均法による評価もできます。

小切手番号及び手形番号（6桁）は学生番号（4桁）に2桁の数字の連番（例：3年1組99番は319901～319950のように）で発行順に入力します。

仕丁の入力については仕訳帳をこのテキストでは作成していないので仮に月日の4桁（例0401）等を入力します。

ここではスーパー実践くん6の基本的な操作方法を解説します

＊日付の入力方法

半角数字で「4/1」の様に入力。

年は自動で会計期間の西暦が挿入される。（例：「5/3」→「2020/5/3」、「3/31」→「2021/3/31」）

「2020/04/01」や「20/04/01」と入力する事も可能。

＊用語の説明

これ以降の説明で「メニューバー」「リストボックス」「経理部」画面等の表示は以下の通り。

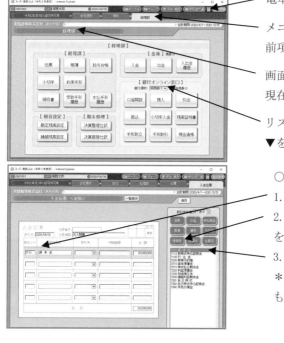

電卓

メニューバー

前項目に戻る場合、該当するバーをクリック。

画面名

現在の作業画面（部署等）の名称が表示される。

リストボックス

▼をクリック、選択候補が表示される。

○ 勘定科目の入力方法

1.入力する行にカーソルを合わせる。

2.勘定科目分類ボタンをクリックし、科目の絞込みをする。

3.該当する勘定科目をダブルクリック。

＊直接勘定コード入力場所に、コードを入力する事も可能。

① ログイン画面の 新規 ID 登録 をクリック。

　＊　始めの一回だけの操作。
　　　2 回目以降は、以下の③からの操作を行う。

② 以下の情報を入力して、 登録 をクリック。

　(1) ログイン ID
　　　英数字半角 12 桁以内
　(2) 氏名
　　　9 文字以内
　(3) 略名称
　　　4 文字以内（演習内の文書の印鑑代わりになる。未入力は
　　　印鑑欄がスペースになる）
　(4) パスワード
　　　英数字半角 12 桁以内(未入力可)
　(5) 所属するグループ
　　　リストボックスより選択(クラス等生徒の所属により決まる)
　(6) グループキー
　　　選択したグループのキーを入力（管理者の指示により入力）

③ ログイン画面に ID が表示される。
　　　（2 回目以降は ID を入力）
　　　パスワードを入力、 ログイン をクリック。

④ 演習選択画面で演習コースを選択し、 演習開始 をクリック。

　＊同時同業、模擬実践、学校間取引等、授業を行うそれぞれのコ
　　ースを選択し演習をはじめる。

第 1 章
同時同業取引演習
（外税取引）

1. 演習の前提条件

　　この演習問題では、各自が会社を設立し、実践銀行に当座口座を開設する。東京第一商事から商品の仕入れを行ない、大阪第一商事に販売して営業結果を確認するまでを学習する。

　　演習をはじめるにあたって以下の点に留意しながら進める。
①伝票は5伝票を利用。

②総勘定元帳は残高式を用いる。

③消費税率は10%。

④銀行との取引
・銀行との取引は自動。（銀行の処理を自動に設定してあるため、受付処理が自動で行なわれる）
・振込手数料は自行間で無料、他行へは¥30,000未満は¥330（税込）、¥30,000以上は¥660（税込）。
・他社への振り込みは受取人負担。
　　例）A社が買掛金¥100,000をB社に振り込む
　　　　A社とB社の取引銀行が同一の場合　→　B社に¥100,000振り込む
　　　　A社とB社の取引銀行が違う場合　　→　B社に¥99,340振り込む
　　　　　　　　　　　　　　　　　　　（振込手数料は相手の買掛金から控除して振り込む）

　　　　　仕訳はどちらも　　（借）買掛金　100,000　　（貸）当座預金　100,000　　になる。

・当座の支払いには必ず小切手を切る。

⑤帳票の採番方法
　　自動採番になっているが、先生の指示により入力する場合もある。
　　その場合、手形、小切手番号は　学生番号（4桁）＋2桁の数字（01〜50の連番）のように入力する事。

⑥決算整理のデータ入力は八桁精算表の整理記入欄に直接入力する。先生の指示により決算整理用伝票で入力する場合もある。

⑦運送費について
　　運送会社を利用した場合、商品を発送し納品請求書を相手に送信した時点で運送費内容が自動的に運送会社に届く。運送会社は月末等の〆日に請求書を作成し商社に送る事ができる。

⑧東京第一商事からの商品仕入れについて
　　通常は注文書を出し、相手から商品が発送されるが、ここでは事前に売買契約は済んでいる事とする。

2. 取引の流れ

会社設立から商品の流通まで

2-1 会社の設立 　|　生徒の会社登録　|　市場に参加

2-2 当座の開設 　|　生徒の会社の当座預金　|　銀行への当座預金開設

2-3 商品の流通と取引の流れ

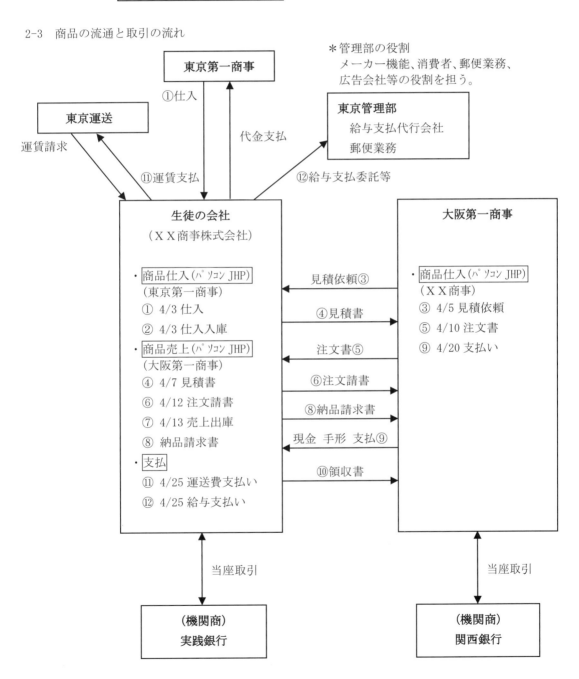

*管理部の役割
メーカー機能、消費者、郵便業務、
広告会社等の役割を担う。

3. 市場構成と取扱商品

(1) 会社一覧

業　種	会社名称	住所	Tel・Fax
銀　行	実践銀行	〒103-0028 東京都中央区八重洲 X-X-XX	Tel 03-1111-XXXX Fax 03-1111-XXXX
	関西銀行	〒540-0008 大阪府大阪市中央区大手前 X-X-XX	Tel 06-1111-XXXX Fax 06-1111-XXXX
管　理　部	東京管理部	〒103-0000 東京都中央区日本橋 X-X-XX	Tel 03-2222-XXXX Fax 03-2222-XXXX
運送・倉庫・保険	東京運送	〒160-0022 東京都新宿区新宿 X-X-XX	Tel 03-3333-XXXX Fax 03-3333-XXXX
商　社	東京第一商事	〒102-8888 東京都千代田区神田 X-X-XX	Tel 03-4444-XXXX Fax 03-4444-XXXX
	大阪第一商事	〒530-0005 大阪府大阪市北区中之島 X-X-XX	Tel 06-2222-XXXX Fax 06-2222-XXXX

(2) 取扱商品

商品コード	商品名称	標準販売単価	標準仕入単価	運送料単価	倉庫料単価	重量(kg)	容積(㎥)
S001	パソコン JHP	300,000	180,000	500	50	1	1

(3) 市場

市場コード	市場名称
13	東京市場
27	大阪市場

4. 給与台帳

☐ 年4月度給与台帳

	社員番号	氏名	基本給	職務手当	通勤手当	扶養家族手当	その他手当	支給計	
	役職	扶養家族	所得税	健康保険	厚生年金	雇用保険	住民税	控除計	差引支給
1	1	実践太郎	800,000					800,000	―
	社長 50 歳	3 名	45,340	46,057	56,730	―	67,000	215,127	584,873
2	2	実践華子	375,000	25,000	33,000	15,000		448,000	―
	課長 36 歳	2 名	7,210	21,714	40,260	1,344	25,000	95,528	352,472
3	3	実践次郎	230,000		25,000			255,000	―
	社員 23 歳	0 名	4,480	12,831	23,790	765	7,600	49,466	205,534
									―
		名							
		合　計	1,405,000	25,000	58,000	15,000		1,503,000	―
			57,030	80,602	120,780	2,109	99,600	360,121	1,142,879

給与計算の手順
①支給額合計を求める。
②支給額合計に応じて、保険料率表より健康保険料、厚生年金保険料及び雇用保険を求める。
③支給額合計より、通勤手当と社会保険料合計額（健康保険料＋厚生年金保険料＋雇用保険）を控除し、その額より源泉徴収税額表より所得税を求める。
④住民税は前年度収入によって決まる。

☐ 年 ☐ 月度給与台帳

	社員番号	氏名	基本給	職務手当	通勤手当	扶養家族手当	その他手当	支給計	
	役職	扶養家族	所得税	健康保険	厚生年金	雇用保険	住民税	控除計	差引支給
1									―
	（社長）	名				―			
2									―
		名							
3									―
		名							
4									―
		名							
		合　計							―

5. 期首残高（生徒が取引する会社は以下の設定がなされているものとする）

貸借対照表　令和ＸＸ年４月１日

東京第一商事株式会社（商社）

資	産		負債および資本	
現　金	13,000,000		資　本　金	20,000,000
当　座	7,000,000			
	（実践銀行）			
	20,000,000			20,000,000

大阪第一商事株式会社（商社）

資	産		負債および資本	
現　金	13,000,000		資　本　金	20,000,000
当　座	7,000,000			
	（関西銀行）			
	20,000,000			20,000,000

実践銀行（銀行）

資	産	負債および資本	
現　金	500,000,000	資　本　金	500,000,000
	500,000,000		500,000,000

関西銀行（銀行）

資	産	負債および資本	
現　金	500,000,000	資　本　金	500,000,000
	500,000,000		500,000,000

東京運送（運送・倉庫・保険）

資	産		負債および資本	
現　金	13,000,000		資　本　金	20,000,000
当　座	7,000,000			
	（実践銀行）			
	20,000,000			20,000,000

東京管理部（管理部）

資	産		負債および資本	
現　金	13,000,000		資　本　金	20,000,000
当　座	7,000,000			
	（実践銀行）			
	20,000,000			20,000,000

6. 取引例題

4月1日　株式会社設立

1) 各自の商事会社（以下各自の会社という）を設立する。

2) 資本金　¥20,000,000 で元入開業の事務処理。

3) 同日、実践銀行に当座開設を行ない、現金 ¥7,000,000 を預け入れ、小切手帳代金 ¥1,650（税込）を現金で支払う。

4月3日　仕入業務

各自の会社は、東京第一商事からパソコン JHP・50 個を標準価格の 50%、掛けで仕入れる。運送会社は、東京運送を利用する。運送費@700 は買主負担で仕入原価に繰り入れる。（売買の契約は事前に済んでいる事とする）

4月7日　販売業務（見積書作成）⇒　大阪第一商事の処理（見積依頼書作成）

4月5日に大阪第一商事からパソコン JHP・20 個の見積依頼が届いた。　各自の会社は、大阪第一商事の見積依頼に対して、標準価格の 1 割引で販売する見積書を発送する。運送会社は東京運送、運送費 ¥11,000（税込）は売主負担とする。

4月12日　販売業務（注文請書作成）⇒　大阪第一商事の処理（注文書の作成）

4月10日に大阪第一商事から、注文書が届いた。

支払方法：現金で¥500,000　手形で¥1,500,000　残りは買掛金。支払いは4月20日の条件とする。

各自の会社は大阪第一商事に注文請書を発送する。

4月13日　販売業務（売上計上処理）

各自の会社は、大阪第一商事に商品の発送を行ない、売上処理を行う。

4月20日　販売業務（売上代金回収）⇒　大阪第一商事の処理（約束手形の振り出し）

各自の会社は、大阪第一商事に販売したパソコン JHP・20 個の代金を現金¥500,000 と同店振り出しの ¥1,500,000 の約束手形で受け取り、領収書を発行して渡す。

　［手形の条件］手形 No:#T001　　振出日：4月15日　　満期日：7月15日　　支払場所：関西銀行

4月25日　支払業務と決算準備

1) 今月分給与の支払いを行う。3 人分　¥1,503,000　　振込　¥1,142,879　　所得税預り金　¥57,030
社会保険預り金　¥203,491　　市町村民税預り金　¥99,600（小切手¥1,142,879 を切る）

2) 運送費として小切手¥11,000 を切り、東京運送に4月13日分の運送費¥11,000（税込）を振り込む。
（同一銀行のため、振込手数料は無料とする）

3) 各自の会社の合計残高試算表を印刷する。

4月30日　決算整理事項

1) 広告宣伝費の未払額が¥55,000（税込）あったので振替伝票で処理する。未払費用勘定を使用。
商品期末棚卸は、在庫金額により整理仕訳をする。
消費税の整理仕訳を行う。（仮払消費税、仮受消費税の相殺）

2) 各自の会社の精算表を印刷する。決算が確定後、貸借対照表、損益計算書も印刷する。

4月1日　株式会社設立

1) 株式会社設立を学習してみよう

　　各自の商事会社（以下各自の会社という）を設立する。

　　次ページ「株式会社設立のチェックポイント」を参照しながら入力する。

　　・会社名称 … （各自の名字）＋商事株式会社　　・会社略名称 … （各自の名字）＋商事等

　　・業種 … 商社　・住所 … 学校の住所等

　　・ＴＥＬ … 学校の電話番号等　・ＦＡＸ … 学校のFAX番号等

［自社設定］

1. 演習コースの選択

　　同時同業を選択し、 演習開始 をクリック。

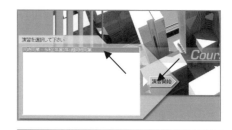

2. 自社情報の入力

　　自社設定画面で各自の会社の情報を入力。

　　＊入力欄の右にある()内の数字は入力制限桁数

会社名称		(20)

会社略称 □□□□ (5)

業種・・・ 商社 を選択

市場・・・所属する市場を選択

郵便番号 □□□□ (8)

　　　　学校の郵便番号

住　所 □□□□□ □□□□□ (18)

　　　　学校の住所＋学生番号等

ＴＥＬ □□□□□ (14)

ＦＡＸ □□□□□ (14)

	氏名(9)	住所(36)	株式数	
発起人①				株
発起人②				株
発起人③				株
発起人④				株
発起人⑤				株

株式の額面 50,000 円

　　　　株数の合計が 400 株になる様に入力する。

資本金 □□□□ ← 発起人の株式数の合計×株式の額面 が自動計算されます。

事業目的
電子機器の販売	(60)
地元物産の販売	
上記各号に付帯する一切の業務	

　　自社情報をもとに定款を作成。 定款の作成 をクリック。

【 株式会社設立のチェックポイント：新会社法施行（平成 18 年 5 月 1 日）】

会社法改正のポイント　最低資本金制度の撤廃、役員の制限の緩和、類似商号の規制緩和

1）新しい 4 つの会社形態に（株式会社、合同会社、合名会社、合資会社）（第二章第六条）

2）新会社法の大きな特徴
　①定款自治
　②資本金は 1 円から可（500 万円までは現物出資も可）
　③取締役 1 名でも可（株式譲渡制限タイプの中小企業）
　④制限を設けた株式の発行（議決権なし、配当なし等）
　⑤配当が期中に何回でもできる
　⑥類似商号のチェックが不要に（同一の住所にすでに類似の商号が存在している場合は登記
　できない、又他の法律で問題がある可能性がありチェックした方が良い）
　⑦金融機関の払込保管証明が残高証明で可

3）株式会社設立の流れ
　①会社概要の決定：発起人、役員、商号、事業目的、決算期、資本金額等
　②類似商号、事業目的のチェック
　③会社の代表印の作成
　④定款の作成
　⑤定款の認証
　⑥資本金の払込
　⑦登記申請

4）会社設立後の諸届出
　税務署、労働基準監督署（労災保険）、地方公共団体、公共職業安定所（雇用保険）、
　年金事務所に種々の手続き、届けが必要　☞諸届出は P.80 を参照

（諸届出は P.80 を参照）

（平成 18 年 5 月）

［自社設定］

3．定款の確認

定款が表示される。

印刷をクリックすると印刷できる。

修正する場合、戻るで変更可能。

次へをクリック。

4．会社設立の手順

・定款の認証：公証人の認証を受けなければならない。

認証手数料5万円と交付手数料(枚数分@250円)

定款3通（1通は4万円の印紙を貼付し、原本として公証人

役場保存、1通は会社保存用、残り1通は登記所提出用）

・払込証明書の作成

銀行通帳のコピー：支店名が記載されている表紙と裏表紙及び

資本金の振り込みが記載されている明細のページ。

・設立する会社の本店管轄法務局へ行き登記する。

株式会社設立登記申請書。

会社設立をクリック。

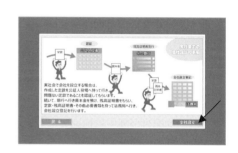

5．自社設定完了

会社選択画面が表示され、設定した自社が一覧に表示される。

自社を選択し、選択をクリック。

6．会社設立には取締役の就任が必要（定款記載）

代表取締役の氏名（簡易的に自社設定時の「発起人①」

が表示される。変更可能）を入力し、決定をクリック。

＊社長室・総務部の定款・会社情報で変更が可能。

（実社会では登記内容に変更があった場合、変更登記が

必要になる）

［社員登録］

7. 社員の登録

　社員の基本情報を入力する。

　給与計算ではこの台帳のデータが必要になるので忘れず

　記入する。

　商社メニュー画面

　社長室・総務部をクリック。

8. 社長室・総務部メニュー画面

　［照会・管理］の社員台帳をクリック。

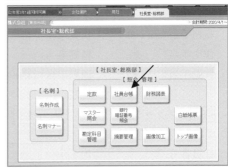

9. 社員台帳メニュー画面

　社員番号:1 の列をダブルクリック。

　（社員番号:1 は代表取締役）

　修正をクリック。

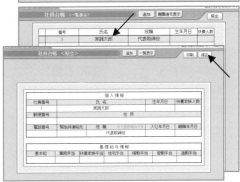

10. 社員台帳入力画面

　データを入力し、保存をクリック。

　社員番号:1　　　　　氏名:

　生年月日:19XX/01/10（西暦）　50 歳

　扶養家族人数:3　　　郵便番号:

　住所:　　　　　　　電話番号:

　緊急時連絡先:　　　役職:代表取締役

　入社年月日:　　　　基本給:800,000

　職務手当:　　　　　扶養家族手当:

　住宅手当:　　　　　精勤手当:

　皆勤手当:　　　　　通勤手当:

　内容が保存されると照会画面に変わる。

15

[社員登録]

同じように2名も追加する。
追加をクリックし、データを入力後、保存をクリック。

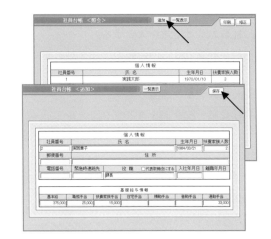

社員番号:2　　　　氏名:
生年月日:19XX/03/21（西暦）　36歳
扶養家族人数:2　　郵便番号:
住所:　　　　　　電話番号:
緊急時連絡先:　　役職:課長
入社年月日:　　　基本給:375,000
職務手当:25,000　扶養家族手当:15,000
住宅手当:　　　　精勤手当:
皆勤手当:　　　　通勤手当:33,000

追加をクリックし、データを入力後、保存をクリック。

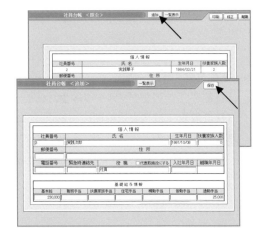

社員番号:3　　　　氏名:
生年月日:XXXX/10/08（西暦）　23歳
扶養家族人数:0　　郵便番号:
住所:　　　　　　電話番号:
緊急時連絡先:　　役職:社員
入社年月日:　　　基本給:230,000
職務手当:　　　　扶養家族手当:
住宅手当:　　　　精勤手当:
皆勤手当:　　　　通勤手当:25,000

いよいよ営業開始！

11. 営業活動のための名刺を作成する。
　　メニューバーの商社をクリック。
☞名刺作成はP.78を参照

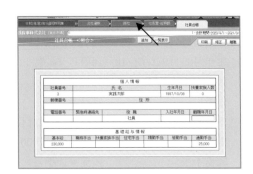

4月1日　株式会社設立

2) 経理部の仕事を学習しよう

　　資本金 ¥20,000,000 で元入開業の事務処理。（伝票、補助簿の入力と記帳チェックによる確認）

＊会社の登記が完了したら資本金は自由に使える。早速、銀行から引き出し金庫へ保管する。

[現金入金]

手元現金の確認。

会社の登記が終了し、銀行に預けてあった株式払込金¥20,000,000 を全額引き出し、金庫に納める。

1. 商社メニュー画面

　　経理部をクリック。

2. 経理部メニュー画面

　　[金庫] の入金をクリック。

3. 入金画面

　　データを入力し、入金をクリック。

　　　処理日：4/1

　　　金額：20,000,000

　　　摘要：資本金

　内容が保存されると照会画面に変わる。

　メニューバーの経理部をクリック。

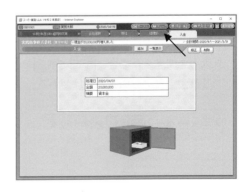

4/1 2）株式会社設立（経理部の仕事を学習しよう）

[入金伝票入力]

4. 経理部メニュー画面
   ［経理課］の 伝票 をクリック。

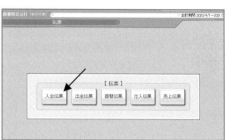

5. 伝票メニュー画面
   入金伝票 をクリック。

6. 入金伝票画面
   データを入力し、保存 をクリック。
   　取引日：4/1
   　伝票摘要：元入開業
   　勘定科目：資本金
   　取引先：
   　明細摘要：
   　金額：20,000,000

   　　　　　　　　　勘定科目入力位置

　＊勘定科目分類ボタン
   　入力する行を選択し、勘定科目分類ボタンをクリック、科目の絞込みをする。
   　該当する勘定科目をダブルクリックすると科目が入力される。

   　内容が保存されると照会画面に変わる。
　＊入力を間違えた場合、修正 か 削除 で正しく伝票を入力
   　し直す。ただし伝票番号は変わる。

   　メニューバーの 経理部 をクリック。

［総勘定元帳入力］

7．経理部メニュー画面
　　［経理課］の帳簿をクリック。

　　＊ここでは手書きの帳簿作成の要領で入力する。

8．帳簿メニュー画面
　　［主要帳簿］の総勘定元帳をクリック。

9．総勘定元帳画面
　　勘定科目「現金」をリストボックスから選択。
　　＊勘定科目分類ボタン
　　　該当する科目のみ勘定科目のリストボックスに表示される。
　　　勘定科目はリストから選択するので直接入力はできない。

　　データを入力し、必ず保存をクリック。
　　　取引日：4/1
　　　取引先：　　　　　　　　　明細摘要：
　　　相手勘定科目：資本金　　　仕丁：0401（日付を4桁入力）
　　　借方金額：20,000,000
　　　貸方金額：
　　　貸借：借
　　　残高：20,000,000

　　　＊勘定科目分類ボタン
　　　該当する科目のみ相手勘定科目のリストボックスに表
　　　示される。

　　内容が保存されると照会画面に変わる。

　　同じように資本金の入力。入力をクリック。

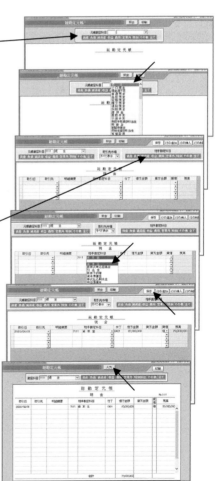

［総勘定元帳入力］

10. 総勘定元帳画面

　　勘定科目「資本金」をリストボックスから選択。

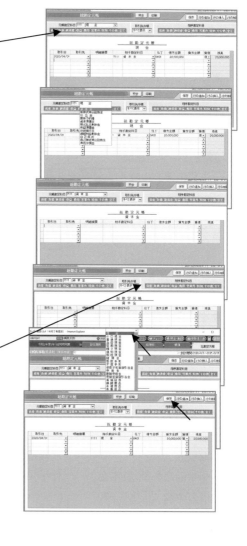

　　　＊勘定科目分類ボタン
　　　　該当する科目のみ勘定科目のリストボックスに表示
　　　　される。

　　データを入力し、保存をクリック。

　　　取引日：4/1

　　　取引先：　　　　　　　　　　明細摘要：

　　　相手勘定科目：現金　　　　仕丁：0401

　　　借方金額：

　　　貸方金額：20,000,000

　　　貸借：貸

　　　残高：20,000,000

　　　＊勘定科目分類ボタン
　　　　該当する科目のみ相手勘定科目のリストボックス
　　　　に表示される。

　　内容が保存されると照会画面に変わる。
　　メニューバーの帳簿をクリック。

［現金出納帳入力］

11. 帳簿メニュー画面
　　［補助簿］の現金出納帳をクリック。

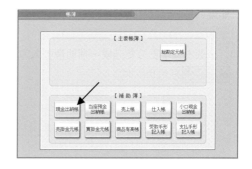

12. 現金出納帳画面
　　データを入力し、保存をクリック。
　　　取引日：4/1
　　　摘要：元入開業
　　　収入：20,000,000
　　　支出：
　　　残高：20,000,000

　　内容が保存されると照会画面に変わる。

［チェック］

＊伝票と入力した帳簿との関連チェックを行う。
間違いがあれば×表示される。

13. 伝票を基準とした元帳・補助簿の入力チェック
   チェック をクリック。

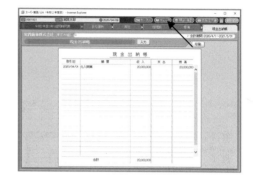

14. 記帳チェック画面
   赤字の×がない事を確認し、 閉じる をクリック。

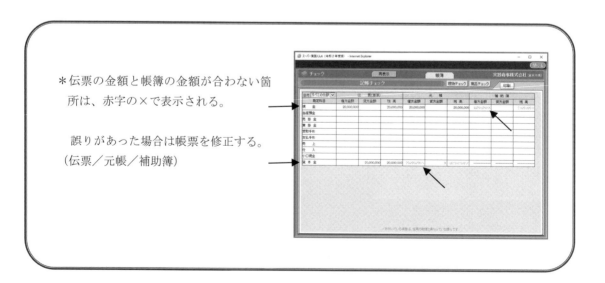

＊伝票の金額と帳簿の金額が合わない箇
所は、赤字の×で表示される。

誤りがあった場合は帳票を修正する。
（伝票／元帳／補助簿）

4月1日　株式会社設立

3) 当座預金を開設しよう

同日、実践銀行に当座開設を行い、現金 ¥7,000,000 を預け入れ、小切手帳代金 ¥1,650 （税込）を現金で支払う。

＊会社の決済に使用する当座の預金口座を開設する。

当座預金口座がなければ小切手帳や手形帳が利用できない。

[現金出金]

1. 商社メニュー画面

   経理部をクリック。

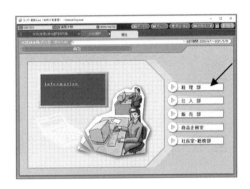

2. 経理部メニュー画面

   [金庫] の出金をクリック。

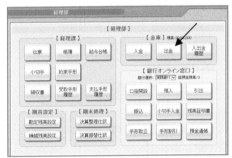

3. 出金画面

   データを入力し、出金をクリック。

   処理日：4/1

   金額：7,000,000

   摘要：当座開設預入

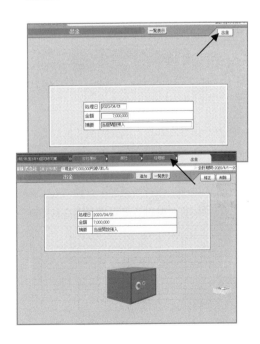

   内容が保存されると照会画面に変わる。

   メニューバーの経理部をクリック。

4/1　3）株式会社設立（当座預金を開設しよう）

［口座開設入力］

＊代表取締役名でこれから取引する銀行の支店長宛に当座取引依頼のメールを出す。
　　☞メール作成は P.79 を参照
＊同様に今後取引する会社に会社設立の案内状をメールで出す。

注）実社会では当座開設を行う場合、会社の登記簿謄本・印鑑証明等を添えて窓口へ申し込む。
　　一般的に中小企業の当座開設については銀行で直ぐには引き受けない場合が多い。
　　決算の内容や資産内容のチェックや経営者の人物評価等が行なわれる。

4．経理部メニュー画面
　　［銀行オンライン窓口］の銀行選択リストボックスから
　　「実践銀行」を選択し、口座開設をクリック。

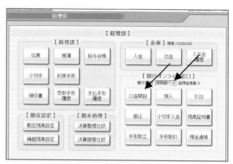

5．口座開設画面
　　データを入力し、依頼をクリック。
　　　申込日：4/1
　　　口座種類：当座（▼で選択）
　　　暗証番号：□□□□□（各自が自由に入力）
　　　金額：7,000,000
　　　摘要：新規預入

　　確認ダイアログで再確認し、OKをクリック

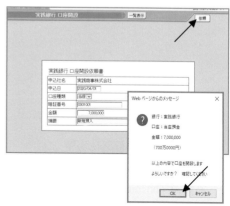

　　内容が保存されると照会画面に変わる。
　　メニューバーの経理部をクリック。

　　＊この問題は銀行の処理を自動にしてあるので、
　　「自動応答で受付」と返事が返される。

［口座取引照会］

6．経理部メニュー画面
　　当座預金を開設後、預金通帳を確認する。

　　［銀行オンライン窓口］の銀行選択リストボックスから
　　「実践銀行」を選択し、預金通帳をクリック。

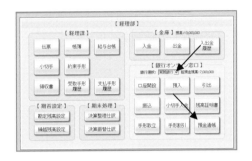

7．預金通帳画面
　　銀行の口座残高が表示される。
　　入出金の履歴を確認するには、預金通帳を見るを
　　クリック。

　　明細が表示される。
　　メニューバーの経理部をクリック。

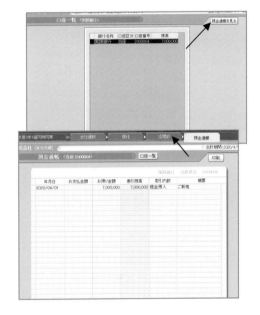

［出金伝票入力］

8. 経理部メニュー画面
   ［経理課］の伝票をクリック。

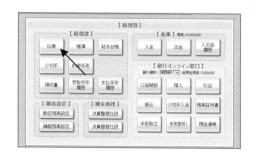

9. 伝票メニュー画面
   ［伝票］の出金伝票をクリック。

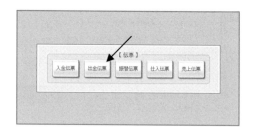

10. 出金伝票画面
    データを入力し、保存をクリック。
       取引日：4/1
       伝票摘要：現金預入
       勘定科目：当座預金
       取引先：実践銀行（▼で選択）
       明細摘要：
       金額：7,000,000

    内容が保存されると照会画面に変わる。
    メニューバーの経理部をクリック。

［総勘定元帳入力］

11. 経理部メニュー画面
　　［経理課］の帳簿をクリック。

12. 帳簿メニュー画面
　　［主要帳簿］の総勘定元帳をクリック。

13. 総勘定元帳画面
　　勘定科目リストボックスから「現金」を選択。

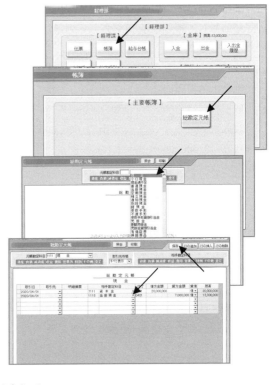

　　取引日：4/1
　　取引先：　　　　　　　　　　明細摘要：
　　相手勘定科目：当座預金　　　仕丁：0401
　　借方金額：
　　貸方金額：7,000,000
　　貸借：借
　　残高：13,000,000
　保存をクリック。
＊勘定科目分類ボタン
　　該当する科目のみ相手勘定科目のリストボックスに表示される。

内容が保存されると照会画面に変わる。
同じように「当座預金」の入力。入力をクリック。

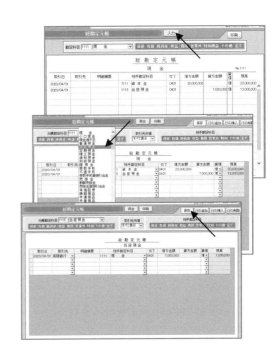

勘定科目リストボックスから「当座預金」を選択。
データを入力し、保存をクリック。
　　取引日：4/1
　　取引先：実践銀行（▼で選択）　　明細摘要：
　　相手勘定科目：現金　　　仕丁：0401
　　借方金額：7,000,000
　　貸方金額：
　　貸借：借
　　残高：7,000,000

内容が保存されると照会画面に変わる。
メニューバーの帳簿をクリック。

[現金出納帳入力]

14. 帳簿メニュー画面
   ［補助簿］の現金出納帳をクリック。

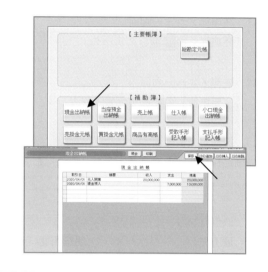

15. 現金出納帳画面
   取引日：4/1　　　摘要：現金預入
   収入：　　　　　支出：7,000,000
   残高：13,000,000
   保存をクリック。

   内容が保存されると照会画面に変わる。
   メニューバーの帳簿をクリック。

[当座預金出納帳入力]

16. 帳簿メニュー画面
   ［補助簿］の当座預金出納帳をクリック。

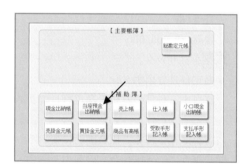

17. 当座預金出納帳画面
   銀行名のリストボックスから「実践銀行」選択。

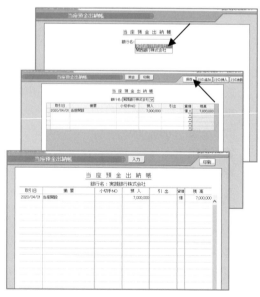

   データを入力し、保存をクリック。
   　取引日：4/1　　　摘要：当座開設
   　小切手NO：
   　預入：7,000,000　　引出：
   　貸借：借（▼で選択）
   　残高：7,000,000

   内容が保存されると照会画面に変わる。

［チェック］

18. 伝票を基準とした元帳・補助簿入力チェック
　　 チェック をクリック。

19. 記帳チェック画面
　　 赤字の×がない事を確認し、 閉じる をクリック。

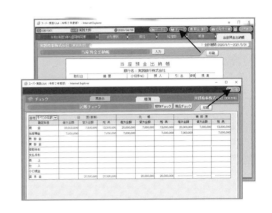

20. 小切手帳代金の支払い（各自、処理を行う）
　1）金庫から¥1,650（税込）を出金し、銀行へ支払う。
　　　処理日：4/1　　金額：1,650　　伝票摘要：小切手帳代金
　2）出金伝票への入力（雑費で処理）
　　　取引日：4/1　　　　　　伝票摘要：小切手帳代金支払い
　　　勘定科目：雑費　　　　　取引先：　明細摘要：　　金額：1,500
　　　勘定科目：仮払消費税　　取引先：　明細摘要：　　金額：　150
　3）総勘定元帳への入力（現金，雑費，仮払消費税）
　　　「現金」　　取引日：4/1　取引先：　　明細摘要：　相手勘定科目：諸口　　仕丁：0401
　　　　　　　　借方金額：　貸方金額：1,650　貸借：借　残高：12,998,350
　　　「雑費」　　取引日：4/1　取引先：　　明細摘要：　相手勘定科目：現金　　仕丁：0401
　　　　　　　　借方金額：1,500　貸方金額：　貸借：借　残高：1,500
　　　「仮払消費税」取引日：4/1　　取引先：　明細摘要：　相手勘定科目：現金　　仕丁：0401
　　　　　　　　借方金額：150　貸方金額：　貸借：借　残高：150
　4）補助簿の現金出納帳への入力
　　　　取引日：4/1　摘要：小切手帳代金支払い　　収入：　支出：1,650　残高：12,998,350

　＊小切手帳の番号は各会社別に違う番号が付けられている。

21. 入力後、記帳チェックで確認を行う。

4月3日　仕入業務

　商品仕入と帳票記入の学習をしよう

　　　各自の会社は東京第一商事からパソコン JHP・50 個を標準価格の 50%、掛けで仕入れる。

　　　運送会社は東京運送を利用。運送費 @700 は買主負担で仕入原価に繰り入れる。

＊通常は注文書を出してから相手からの商品が発送されるが、ここでは事前に売買契約は済んでいる事と
して進める。

[商品入庫処理]

1. 商社メニュー画面
   仕入部 をクリック。

2. 仕入部メニュー画面
   [倉庫課]の 仕入入庫 をクリック。

3. 仕入入庫画面
   データを入力し、入庫 をクリック。

   　処理日：4/3

   　取引先：東京第一（▼で選択）

   　商品名称：パソコン JHP（▼で選択）

   　数量：50　　単価：150,700

   ＊運送費は買主負担なので@700 は仕入原価に組み入れる。

   確認ダイアログで再確認し、OK をクリック。

   内容が保存されると照会画面に変わる。
   メニューバーの 商社 をクリック。

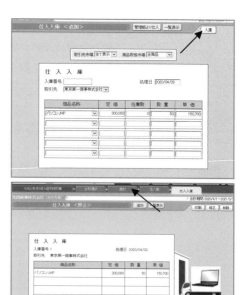

［仕入伝票入力］

4. 商社メニュー画面
　　経理部 をクリック。

5. 経理部メニュー画面
　　［経理課］の 伝票 をクリック。

6. 伝票メニュー画面
　　［伝票］の 仕入伝票 をクリック。

7. 仕入伝票画面
　　データを入力し、保存 をクリック。
　　　　取引日：4/3　　摘要：
　　　　取引先：東京第一（▼で選択）
　　　　伝票区分：通常
　　　　商品名称：パソコン JHP（▼で選択）
　　　　数量：50　　単価：150,700

　　内容が保存されると照会画面に変わる。
　　メニューバーの 経理部 をクリック。

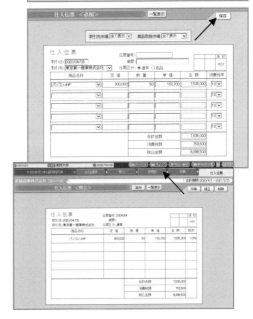

［総勘定元帳入力］

8.　経理部メニュー画面
　　　［経理課］の帳簿をクリック。

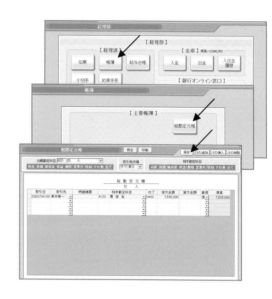

9.　帳簿メニュー画面
　　　［主要帳簿］の総勘定元帳をクリック。

10.　総勘定元帳画面
　　　勘定科目リストボックスから「仕入」を選択。
　　　データを入力し、保存をクリック。

　　　　取引日：4/3
　　　　取引先：東京第一（▼で選択）　　　明細摘要：
　　　　相手勘定科目：買掛金　　　仕丁：0403
　　　　借方金額：7,535,000
　　　　貸方金額：　　　　　　　　貸借：借
　　　　残高：7,535,000

　　　内容が保存されると照会画面に変わる。
　　　同じように「仮払消費税」の入力。
　　　入力をクリック。

　　　勘定科目リストボックスから「仮払消費税」を選択。
　　　データを入力し、保存をクリック。

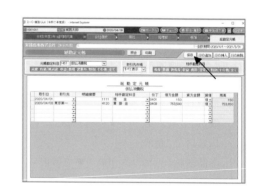

　　　　取引日：4/3
　　　　取引先：東京第一（▼で選択）　　　明細摘要：
　　　　相手勘定科目：買掛金　　　仕丁：0403
　　　　借方金額：753,500
　　　　貸方金額：　　　　　　　　貸借：借
　　　　残高：753,650

　　　内容が保存されると照会画面に変わる。
　　　同じように「買掛金」の入力。入力をクリック。

［総勘定元帳入力］

11. 総勘定元帳画面

　　勘定科目リストボックスから「買掛金」を選択。

　　データを入力し、保存をクリック。

　　　取引日:4/3

　　　取引先:東京第一（▼で選択）　　　　明細摘要:

　　　相手勘定科目:諸口　　　　仕丁:0403

　　　借方金額:

　　　貸方金額:8,288,500　　　貸借:貸

　　　残高:8,288,500

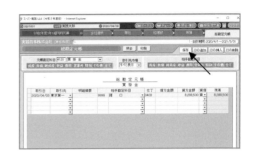

　　内容が保存されると照会画面に変わる。

　　メニューバーの帳簿をクリック。

［仕入帳入力］

12. 帳簿メニュー画面

　　［補助簿］の仕入帳をクリック。

13. 仕入帳画面

　　データを入力し、保存をクリック。

　　　取引日:4/3

　　　取引先:東京第一（▼で選択）

　　　仕入区分:通常（▼で選択）

　　　商　品:パソコン JHP（▼で選択）

　　　数　量:50　　　単　価:150,700

　　　金　額:7,535,000

　　内容が保存されると照会画面に変わる。

　　メニューバーの帳簿をクリック。

［買掛金元帳入力］

14. 帳簿メニュー画面
　　［補助簿］の買掛金元帳をクリック。

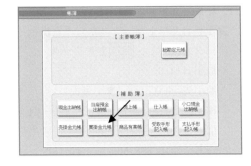

15. 買掛金元帳画面
　　取引先のリストボックスから「東京第一」を選択。

　　データを入力し、保存をクリック。
　　　取引日：4/3
　　　摘要　：商品購入
　　　借方金額：
　　　貸方金額：8,288,500（税込）
　　　貸借　：貸（▼で選択）
　　　残高　：8,288,500

　　注）外税の場合、買掛金には仕入れ金額に仮払消費税
　　　　が加わった額になる。

　　内容が保存されると照会画面に変わる。
　　メニューバーの帳簿をクリック。

[商品有高帳入力]

16. 帳簿メニュー画面
　　　［補助簿］の 商品有高帳 をクリック。

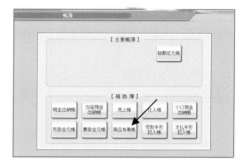

17. 商品有高帳画面
　　　商品名のリストボックスから「パソコンJHP」を選択。

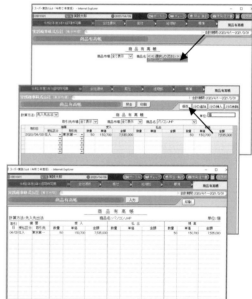

　　データを入力し、 保存 をクリック。
　　　　計算方法：先入先出法（▼で選択）
　　　　単位：個
　　　　取引日：4/3　　　　受払区分：仕入（▼で選択）
　　　　取引先：東京第一（▼で選択）
　　　　［受入］数量：50　単価：150,700　金額：7,535,000
　　　　［払出］数量：　　単価：　　　金額：
　　　　［残高］数量：50　単価：150,700　金額：7,535,000

　　　内容が保存されると照会画面に変わる。

[チェック]

18. 伝票を基準とした元帳・補助簿入力チェック
　　　 チェック をクリック。

19. 記帳チェック画面
　　　赤字の×がない事を確認し、 閉じる をクリック。

　　　メニューバーの 商社 をクリック。

35

4月7日　販売業務（見積書作成）

　見積依頼書と見積書の作成をしよう

　　4月5日に大阪第一商事から、パソコン JHP・20個の見積依頼が届いた。

　　各自の会社は、大阪第一商事の見積依頼に対して、標準価格の1割引で販売する見積書を発送

　　する。運送会社は東京運送、運送費は ¥11,000（税込）売主負担とする。

大阪第一商事の処理（見積依頼書の作成）を行う。

1. 商社メニュー画面

　　会社選択にポインタを合わせ、大阪第一をクリック。

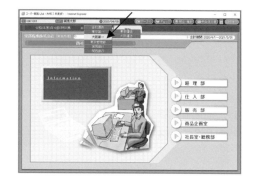

［見積依頼書の作成］

大阪第一商事の処理

1. 商社メニュー画面

　　大阪第一商事でログインされている事を確認。

　　仕入部をクリック。

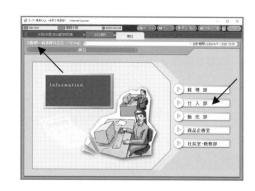

2. 仕入部メニュー画面

　　［仕入書類］の見積依頼書をクリック。

［見積依頼書の作成］

3．見積依頼書画面

　　データを入力し、保存をクリック。

　　　　処理日：4/5　　　取引先：○○商事（▼で選択）

　　　　納入場所：買主店頭（▼で選択）

　　　　運賃諸掛：売主負担（▼で選択）

　　　　支払方法：　　　納入期日：4/20

　　　　摘要：

　　　　商品名称：JHP（▼で選択）　　　数量：20

　　内容が保存されると照会画面に変わる。

　　内容を確認し、間違いがなければ上司の承認をもらい

　　印刷して押印、相手に郵送するか、発信をクリックし、

　　相手に見積依頼書を送る。

　　両方の処理を行なっても、どちらか一方だけでも処理は

　　進められる。

　　相手に発信するとそれを利用して相手の会社は入力を

　　簡単にできる。

　　発信：済　を確認し、メニューバーの商社をクリック。

4．商社メニュー画面

　　会社選択にポインタを合わせ、自社をクリック。

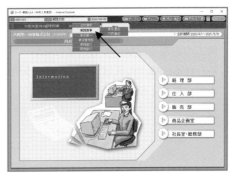

［見積書の作成］
　自社の処理

1. 商社メニュー画面
　　自社でログインされている事を確認。
　　販売部 をクリック。

2. 販売部メニュー画面
　　［販売書類］の 見積書 をクリック。

3. 見積書画面
　　データを入力し、保存 をクリック。
　　　処理日：4/7　　　取引先：大阪第一（▼で選択）
　　　納入場所：買主店頭（▼で選択）
　　　運賃諸掛：売主負担（▼で選択）
　　　運送会社：東京運送（▼で選択）
　　　支払方法：　　　　納入期日：4/20　　　摘要：
　　　商品名称：パソコン JHP（▼で選択）
　　　数量：20　　単価：270,000　　運送単価：500
　　＊ 先方書類一覧 を確認し、大阪第一商事からの見積依頼を
　　　選択すると入力が簡単にできる。
　　　　　先方書類一覧とは・・・相手から届いた見積依頼書の一覧

　　内容が保存されると照会画面に変わる。
　　内容を確認し、間違いがなければ上司の承認をもらい印刷
　　して押印し、相手に郵送するか、発信 をクリックし、相手
　　に見積書を送る。
　　両方の処理を行なっても、どちらか一方だけでも処理は進
　　められる。相手に発信するとそれを利用して相手の会社は
　　入力を簡単にできる。

　　発信：済　を確認し、メニューバーの 商社 をクリック。

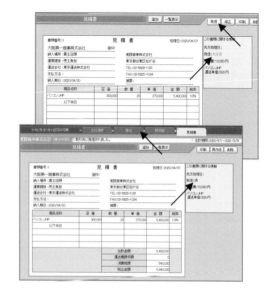

4月12日　販売業務（注文請書作成）

注文書と注文請書の作成をしよう

4月10日に大阪第一商事から、注文書が届いた。

支払方法・現金で 500,000-手形で 1,500,000-　残りは買掛金、支払いは4月20日とし、

各自の会社は大阪第一商事に注文請書を発送する。

大阪第一商事の処理（注文書の作成）を行う。

1. 商社メニュー画面

   会社選択にポインタを合わせ、大阪第一をクリック。

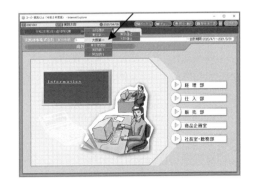

［注文書の作成］

大阪第一商事の処理

1. 商社メニュー画面

   大阪第一商事でログインされている事を確認。

   仕入部をクリック。

2. 仕入部メニュー画面

   ［仕入書類］の注文書をクリック。

［注文書の作成］

3．注文書画面

データを入力し、保存をクリック。

処理日：4/9　　取引先：○○商事（▼で選択）

納入場所：買主店頭（▼で選択）

運賃諸掛：売主負担（▼で選択）

運送会社：東京運送（▼で選択）

支払方法：　　　納入期日：4/20　　　摘要：

商品名称：パソコン JHP（▼で選択）　　数量：20

単価：270,000　　運送単位：500

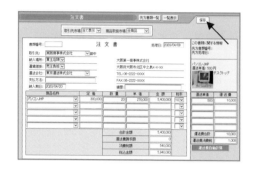

内容が保存されると照会画面に変わる。

内容を確認し、間違いがなければ上司の承認をもらい

印刷して押印、相手に郵送するか、発信をクリックし、

相手に注文書を送る。

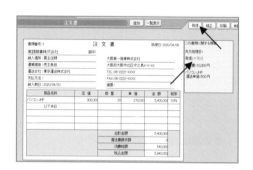

両方の処理を行なっても、どちらか一方だけでも処理

は進められる。

相手に発信するとそれを利用して相手の会社は入力

を簡単にできる。

発信：済　を確認し、メニューバーの商社をクリック。

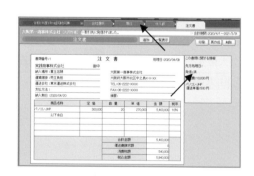

4．商社メニュー画面

会社選択にポインタを合わせ、自社をクリック。

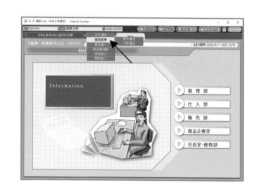

［注文請書作成］

自社の処理

1. 商社メニュー画面

   自社でログインされている事を確認。

   販売部をクリック。

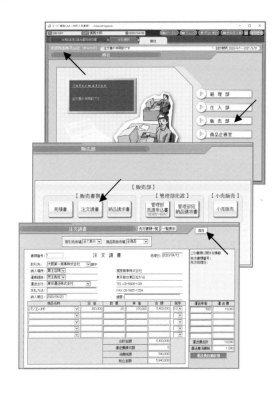

2. 販売部メニュー画面

   ［販売書類］の注文請書をクリック。

3. 注文請書画面

   データを入力し、保存をクリック。

   処理日：4/12　　取引先：大阪第一（▼で選択）

   納入場所：買主店頭（▼で選択）

   運賃諸掛：売主負担（▼で選択）

   運送会社：東京運送（▼で選択）

   支払方法：　　　納入期日：4/20　　摘要：

   商品名称：パソコン JHP（▼で選択）

   数量：20　　単価：270,000　　運送単価：500

   内容が保存されると照会画面に変わる。

   間違いがなければ印刷をし、上司の承認を受け郵送するか、

   発信をクリックし、相手に注文請書を送る。

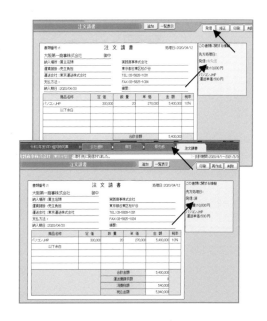

   発信：済　を確認し、メニューバーの販売部をクリック。

4月13日　販売業務（売上計上処理）

商品の発送と売上処理を学習しよう

　　各自の会社は、大阪第一商事に商品の発送を行ない、売上処理を行う。

　　（白紙帳表で納品請求書を印刷し、手書処理でも可）

［売上出庫入力］

1. 販売部メニュー画面

　［倉庫課］の 売上出庫 をクリック。

2. 売上出庫画面

　データを入力し、出庫 をクリック。

　処　理　日：4/13

　取　引　先：大阪第一（▼で選択）

　商品名称：パソコン JHP （▼で選択）

　数　　　量：20

　払出単価：150,700

　＊払出単価は商品有高帳より照会する。

　確認ダイアログで再確認し、OK をクリック。

　内容が保存されると照会画面に変わる。

　メニューバーの 販売部 をクリック。

［納品請求書作成］

3. 販売部メニュー画面

　　［販売書類］の納品請求書をクリック。

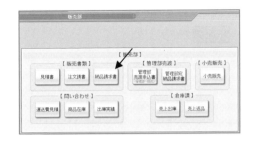

4. 納品請求書画面

　　データを入力し、保存をクリック。

　　　　処理日：4/13　　　取引先：大阪第一（▼で選択）

　　　　納入場所：買主店頭（▼で選択）

　　　　運賃諸掛：売主負担（▼で選択）

　　　　運送会社：東京運送（▼で選択）

　　　　支払方法：　　　　納入期日：4/20　　　摘要：

　　　　商品名称：パソコン JHP（▼で選択）

　　　　数量：20　　　単価：270,000　　　運送単価：500

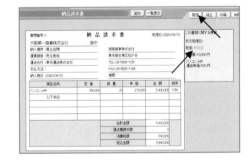

　　内容が保存されると照会画面に変わる。

　　印刷して上司の承認を受け郵送するか、間違いがなければ、

　　発信をクリックし、相手に納品請求書を送る。

　　発信：済　を確認し、メニューバーの商社をクリック。

[売上伝票入力]

5. 商社メニュー画面
   経理部をクリック。

6. 経理部メニュー画面
   ［経理課］の伝票をクリック。

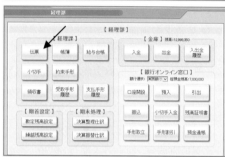

7. 伝票メニュー画面
   ［伝票］の売上伝票をクリック。

8. 売上伝票画面
   データを入力し、保存をクリック。
   取引日：4/13　　摘要：
   取引先：大阪第一（▼で選択）
   伝票区分：通常
   商品名称：パソコン JHP（▼で選択）
   数量：20　　単価：270,000

   内容が保存されると照会画面に変わる。
   メニューバーの経理部をクリック。

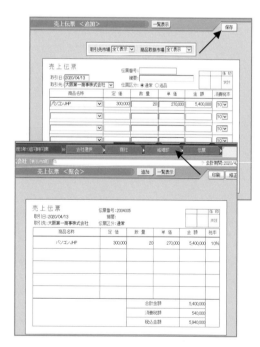

［総勘定元帳入力］

9. 経理部メニュー画面
　　［経理課］の 帳簿 をクリック。

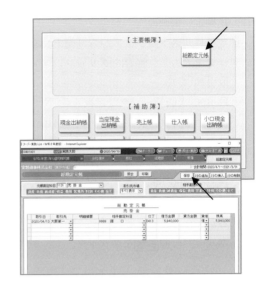

10. 帳簿メニュー画面
　　［主要帳簿］の 総勘定元帳 をクリック。

11. 総勘定元帳画面
　　勘定科目リストボックスから「売掛金」を選択。
　　データを入力し、保存 をクリック。
　　　　取引日：4/13
　　　　取引先：大阪第一（▼で選択）　　　明細摘要：
　　　　相手勘定科目：諸口　　　　仕丁：0413
　　　　借方金額：5,940,000
　　　　貸方金額：　　　　　　　　貸借：借
　　　　残高：5,940,000

　　内容が保存されると照会画面に変わる。
　　同じように「仮受消費税」の入力。
　　入力 をクリック。

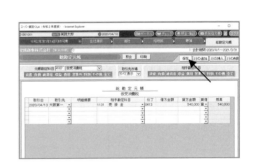

　　勘定科目リストボックスから「仮受消費税」を選択。
　　データを入力し、保存 をクリック。
　　　　取引日：4/13
　　　　取引先：大阪第一（▼で選択）　　　明細摘要：
　　　　相手勘定科目：売掛金　　　仕丁：0413
　　　　借方金額：
　　　　貸方金額：540,000　　　貸借：貸
　　　　残高：540,000

　　内容が保存されると照会画面に変わる。
　　同じように「売上」の入力。
　　入力 をクリック。

4/13　販売業務（商品の発送と売上処理を学習しよう）

[総勘定元帳入力]

12.　総勘定元帳画面

勘定科目リストボックスから「売上」を選択。

データを入力し、保存をクリック。

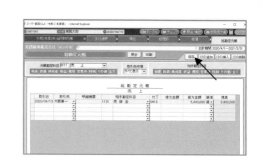

取引日：4/13

取引先：大阪第一（▼で選択）　　　明細摘要：

相手勘定科目：売掛金　　仕丁：0413

借方金額：

貸方金額：5,400,000　　貸借：貸

残高：5,400,000

内容が保存されると照会画面に変わる。

メニューバーの帳簿をクリック。

[売上帳入力]

13.　帳簿メニュー画面

[補助簿]の売上帳をクリック。

14.　売上帳画面

データを入力し、保存をクリック。

取引日：4/13

取引先：大阪第一（▼で選択）

売上区分：通常（▼で選択）

商　品：パソコン JHP（▼で選択）

数　量：20　　単　価：270,000

金　額：5,400,000

内容が保存されると照会画面に変わる。

メニューバーの帳簿をクリック。

［売掛金元帳入力］

15. 帳簿メニュー画面
　　　［補助簿］の 売掛金元帳 をクリック。

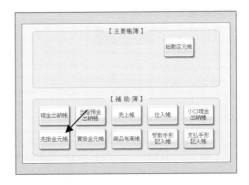

16. 売掛金元帳画面
　　　取引先リストボックスから「大阪第一」を選択。

　　データを入力し、 保存 をクリック。

　　　取引日：4/13　　　　　　摘要：商品売上

　　　借方金額：5,940,000

　　　貸方金額：　　　　　　　貸借：借（▼で選択）

　　　残高：5,940,000

　注）外税処理では、売掛金は売上金額に仮受消費税を加えた
　　　額になる。

　　内容が保存されると照会画面に変わる。
　　メニューバーの 帳簿 をクリック。

［商品有高帳入力］

17. 帳簿メニュー画面
　　［補助簿］の商品有高帳をクリック。

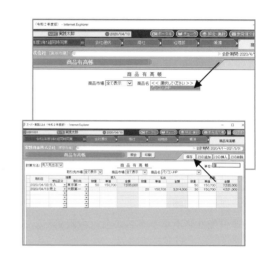

18. 商品有高帳画面
　　商品名リストボックスから「パソコン JHP」を選択。
　　　取引日：4/13　　　　受払区分：売上（▼で選択）
　　　取引先：大阪第一（▼で選択）
　　　［受入］数量：　　　　単価：　　　　　　金額：
　　　［払出］数量：20　　　単価：150,700　　金額：3,014,000
　　　［残高］数量：30　　　単価：150,700　　金額：4,521,000

　　保存をクリック。

　　内容が保存されると照会画面に変わる。

［チェック］

19. 伝票を基準とした元帳・補助簿入力チェック
　　チェックをクリック。

20. 記帳チェック画面
　　赤字の×がない事を確認する。
　　商品チェックをクリック。

21. 商品チェック画面
　　商品の入出庫を確認し、閉じるをクリック。

4月 20 日　**販売業務（売上代金回収）**

手形振出と帳票記入を学習しよう

各自の会社は大阪第一商事に販売したパソコン JHP・20 個の代金を現金 ¥500,000 と同店振り出しの ¥1,500,000 の約束手形で受け取ったので、領収書を発行して渡した。

（売掛代金回収：入金伝票、振替伝票）

［手形の条件］　手形番号：#T001　振出日：4月 15 日　満期日：7月 15 日　支払場所：関西銀行

大阪第一商事の処理（約束手形の振り出し）を行う。

1. 商社メニュー画面

　　会社選択にポインタを合わせ、大阪第一をクリック。

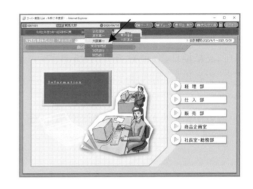

［約束手形の振り出し］

大阪第一商事の処理

1. 商社メニュー画面

　　大阪第一商事でログインされている事を確認。
　　経理部をクリック。

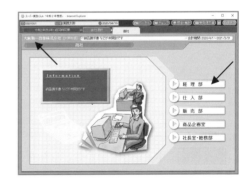

2. 経理部メニュー画面

　　［経理課］の約束手形をクリック。

［約束手形の振り出し］

3. 約束手形画面

データを入力し、保存をクリック。

NO：#T001

受取人：○○商事（▼で選択）

金額：1,500,000

振出日：令和 XX 年 4 月 15 日

支払期日：令和 XX 年 7 月 15 日

支払場所：関西銀行（▼で選択）

内容が保存されると照会画面に変わる。

振出をクリック。

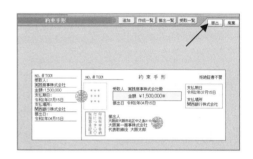

手形は振出先に送られる。

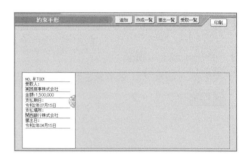

4. 商社メニュー画面

会社選択にポインタを合わせ、自社をクリック。

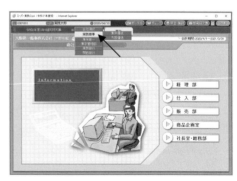

［領収書発行］

自社の処理

---

1. 商社メニュー画面
   自社でログインされている事を確認。
   経理部をクリック。

2. 経理部メニュー画面
   ［経理課］の領収書をクリック。

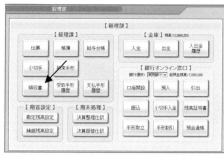

3. 領収書管理画面
   データを入力し、保存をクリック。
   発行先：大阪第一（▼で選択）
   日付：令和XX年4月20日
   金額：2,000,000
   ただし：商品代金（現金50万、手形150万）

   発行をクリック。

   相手に領収書を発行する。

   メニューバーの経理部をクリック。

4/20 販売業務（手形振出と帳票記入を学習しよう）

［現金入金］

4. 経理部メニュー画面
   ［金庫］の 入金 をクリック。

5. 入金画面
   データを入力し、 入金 をクリック。
   処理日：4/20　　金額：500,000
   摘要：売掛代金回収

   内容が保存されると照会画面に変わる。
   メニューバーの 経理部 をクリック。

［受取手形の確認］

6. 経理部メニュー画面
   ［経理課］の 約束手形 をクリック。

7. 約束手形管理画面
   受取一覧 をクリック。

   受取手形の一覧が表示される。
   該当する明細をダブルクリック。

   手形が表示される。内容を確認。

   メニューバーの 経理部 をクリック。

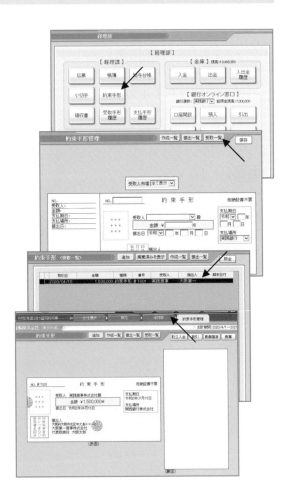

［入金伝票入力］

8. 経理部メニュー画面
　　［経理課］の 伝票 をクリック。

9. 伝票メニュー画面
　　［伝票］の 入金伝票 をクリック。

10. 入金伝票画面
　　データを入力し、保存 をクリック。

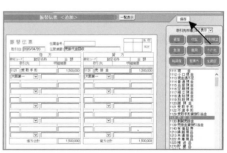

　　　処理日：4/20　　　伝票摘要：売掛代金回収
　　　勘定科目：売掛金
　　　取引先：大阪第一（▼で選択）　　　明細摘要：
　　　金額：500,000

　　内容が保存されると照会画面に変わる。
　　メニューバーの 伝票 をクリック。

［振替伝票入力］

11. 伝票メニュー画面
　　［伝票］の 振替伝票 をクリック。

12. 振替伝票画面
　　データを入力し、保存 をクリック。
　　　取引日：4/20　伝票摘要：売掛代金回収
　　（借）受取手形　1,500,000　　（貸）売掛金　1,500,000
　　　　大阪第一（▼で選択）　　　　大阪第一（▼で選択）

　　内容が保存されると照会画面に変わる。
　　メニューバーの 経理部 をクリック。

［総勘定元帳入力］

13．経理部メニュー画面
　　［経理部］の 帳簿 をクリック。

14．帳簿メニュー画面
　　［主要帳簿］の 総勘定元帳 をクリック。

15．総勘定元帳画面
　　勘定科目リストボックスから「現金」を選択。
　　　取引日：4/20　　取引先：　　　　明細摘要：
　　　相手勘定科目：売掛金　　仕丁：0420　借方金額：500,000
　　　貸方金額：　　　　貸借：借　　　残高：13,498,350
　　 保存 をクリック。

　　内容が保存されると照会画面に変わる。同じように「受取手形」の入力。
　　 入力 をクリック。

16．総勘定元帳画面
　　勘定科目リストボックスから「受取手形」を選択。
　　データを入力し、 保存 をクリック。
　　　取引日：4/20　　取引先：　　　　明細摘要：
　　　相手勘定科目：売掛金　仕丁：0420　借方金額：1,500,000
　　　貸方金額：　　　　貸借：借　　　残高：1,500,000
　　内容が保存されると照会画面に変わる。
　　同じように「売掛金」の入力。 入力 をクリック。

　　勘定科目リストボックスから「売掛金」を選択。
　　＊入金伝票・振替伝票の2種類を使用したので、売掛金の相手科目は諸口勘定を使用しないで記帳する。
　　　取引日：4/20　　取引先：大阪第一（▼で選択）
　　　相手勘定科目：現金　　仕丁：0420　　借方金額：
　　　貸方金額：500,000　貸借：借　　残高：5,440,000
　　　取引日：4/20　　取引先：大阪第一（▼で選択）
　　　相手勘定科目：受取手形　　仕丁：0420　　借方金額：
　　　貸方金額：1,500,000　貸借：借　　残高：3,940,000
　　データを入力。 保存 をクリック。

　　内容が保存されると照会画面に変わる。
　　メニューバーの 帳簿 をクリック。

4/20　販売業務（手形振出と帳票記入を学習しよう）

［現金出納帳入力］

17. 帳簿メニュー画面
　［補助簿］の現金出納帳をクリック。

18. 現金出納帳画面
　データを入力。
　　取引日：4/20　　摘要：売掛代金回収
　　収入：500,000　　支出：
　　残高：13,498,350
　保存をクリック。

　内容が保存されると照会画面に変わる。
　メニューバーの帳簿をクリック。

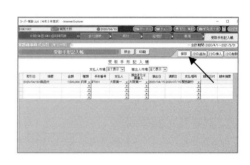

［受取手形記入帳入力］

19. 帳簿メニュー画面
　［補助簿］の受取手形記入帳をクリック。

20. 受取手形記入帳画面
　データを入力し、保存をクリック。
　　取引日：4/20　　摘要：商品代
　　金額：1,500,000　　種類：約束　　手形番号：#T001
　　支払人：大阪第一（▼で選択）
　　振出または裏書人：大阪第一（▼で選択）
　　振出：4/15　　満期日：7/15
　　支払場所：関西銀行（▼で選択）
　　顛末日付：　　　　顛末摘要：

　内容が保存されると照会画面に変わる。
　メニューバーの帳簿をクリック。

[売掛金元帳入力]

21. 帳簿メニュー画面
　　［補助簿］ 売掛金元帳 をクリック。

22. 売掛金元帳画面
　　取引先リストボックスから「大阪第一」を選択。
　　データを入力。

　　　　取引日:4/20　　　　　　摘要:売掛代金回収（現金）
　　　　借方金額:　　　　　　　貸方金額:500,000
　　　　貸借:借（▼で選択）　　残高:5,440,000
　　データを入力。
　　　　取引日:4/20　　　　　　摘要:売掛代金回収（手形）
　　　　借方金額:　　　　　　　貸方金額:1,500,000
　　　　貸借:借（▼で選択）　　残高:3,940,000
　　 保存 をクリック。

　　内容が保存されると照会画面に変わる。

[チェック]

23. 伝票を基準とした元帳・補助簿入力チェック
　　 チェック をクリック。

24. 記帳チェック画面
　　赤字の×がない事を確認し、 閉じる をクリック。

4月25日　支払業務と決算準備

　1)給与の支払いを学習しよう

　　　社員3人の今月分給与を支払う。

　　　3人分　¥1,503,000、振込　¥1,142,879

　　　所得税預り金　¥57,030、社会保険料預り金　¥203,491、市町村民税預り金　¥99,600

　　　（小切手　¥1,142,879を切る）

［給与台帳の作成］

1. 商社メニュー画面
　　経理部をクリック。

2. 経理部メニュー画面
　　［経理課］の給与台帳をクリック。

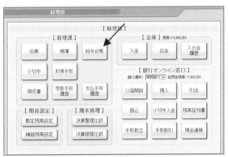

3. 給与台帳画面
　　社員番号:1を選択して給与明細追加をクリック。
　　支給区分を確認します。（給与が標準）。
　　データを入力して、保存をクリック

支給年月日:4/25

　　社員番号:1　　氏名:□□□□□　生年月日:19XX/01/10

　　扶養家族:3　　役職:代表取締役社長

　　・基本給:800,000　・時間外手当:　　・職務手当:

　　・住宅手当:　　　　・精勤手当:　　　・皆勤手当:

　　・その他手当:　　　・通勤手当:

　　・健康保険:46,057　・厚生年金:56,730・年金基金:

　　・雇用保険:　　　　・介護保険:

　　・所得税:45,340　　・住民税:67,000

　内容が保存されると照会画面に変わる。

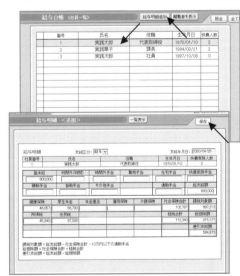

［給与台帳の作成］

同じように2名も追加する。

社員一覧に戻る をクリック。

社員番号:2を選択して 給与明細追加 をクリック。

データ入力して、保存 をクリック。

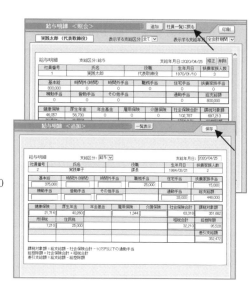

支給年月日:4/25

社員番号:2　氏名:□□□□　生年月日:19XX/03/21

扶養家族:2　役職:課長

・基本給:375,000　・時間外手当:　・職務手当:25,000

・住宅手当:　・扶養家族手当:15,000

・精勤手当:　・皆勤手当:

・その他手当:　・通勤手当:33,000

・健康保険:21,714　・厚生年金:40,260　・年金基金:

・雇用保険:1,344　・介護保険:

・所得税:7,210　・住民税:25,000

社員一覧に戻る をクリック。

社員番号:3を選択して 給与明細追加 をクリック。

データ入力して、保存 をクリック。

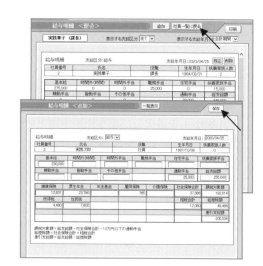

支給年月日:4/25

社員番号:3　氏名:□□□□　生年月日:XXXX/10/08

扶養家族:0　役職:社員

・基本給:230,000　・時間外手当:　・職務手当:

・住宅手当:　・精勤手当:　・皆勤手当:

・その他手当:　・通勤手当:25,000

・健康保険:12,831　・厚生年金:23,790　・年金基金:

・雇用保険:765　・介護保険:

・所得税:4,480　・住民税:7,600

離職者への扱い

社員が離職した場合は、代表取締役以外の社員の離職手続きが可能。

社長室・総務部 → 社員台帳 をクリック。

表示された社員一覧から、対象社員の列をダブルクリック。

当該の社員の給与台帳の 離職年月日 欄に離職日を入力し、離職 ボタンをクリック。

確認画面が表示されるので、内容を確認し、ＯＫ ボタンをクリック。

離職者の確認は、離職者を表示 ボタンをクリックする事で可能。

［給与総額確認］

総合計を確認する。
社員一覧に戻るをクリック。

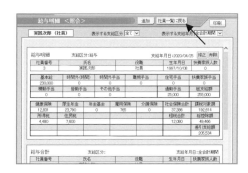

全て照会をクリック。

一番下にある全社員の合計支給額を確認する
メニューバーの経理部をクリック。

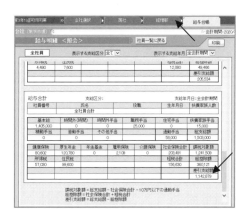

59

［小切手振り出し］

4. 経理部メニュー画面

　［経理課］の小切手をクリック。

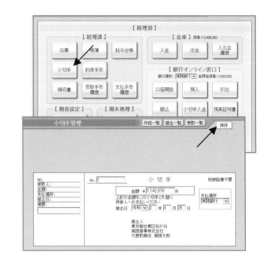

5. 小切手管理画面

　データを入力し、保存をクリック。

　　NO:1

　　金額:1,142,879

　　振出日:令和 XX 年 4 月 25 日

　　支払場所:実践銀行（▼で選択）

　確認ダイアログで再確認し、OKをクリック。

　取引相手に手渡す（振出）をクリック。

　＊振出:相手に小切手を直接渡す。

　　　　　（受け取った方は小切手入金処理を行う）

　＊振込:銀行の窓口で振込処理を行う。

　　　　　（振込手数料が必要）

　振出先リストボックスから、給与支払代行を行なっている、

　「東京管理部」を選択。

　送信（取引相手に振出）をクリック。

　確認ダイアログで再確認し、OKをクリック。

　振出先に小切手を振り出す。

　メニューバーの経理部をクリック。

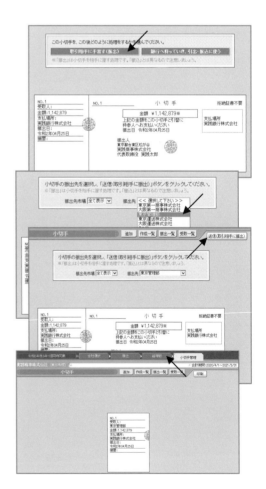

[振替伝票入力]

6. 経理部メニュー画面

　［経理課］の 伝票 をクリック。

7. 伝票メニュー画面

　［伝票］の 振替伝票 をクリック。

8. 振替伝票画面

　データを入力し、 保存 をクリック。

　　取引日:4/25　伝票摘要:給与支払

　（借）給料　　1,503,000　　（貸）当座預金　　　　1,142,879

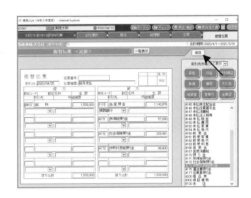

　　　　　　　　　　　　　　　　取引先:実践銀行（▼で選択）

　　　　　　　　　　　　　　　（貸）所得税預り金　　　　57,030

　　　　　　　　　　　　　　　（貸）社会保険預り金　　203,491

　　　　　　　　　　　　　　　（貸）市町村民税預り金　99,600

　内容が保存されると照会画面に変わる。

　メニューバーの 経理部 をクリック。

[総勘定元帳入力]

9. 経理部メニュー画面

　［経理課］の 帳簿 をクリック。

10. 帳簿メニュー画面

　［主要帳簿］の 総勘定元帳 をクリック。

11. 総勘定元帳画面

　勘定科目リストボックスから「給料」を選択。

　データを入力し、 保存 をクリック。

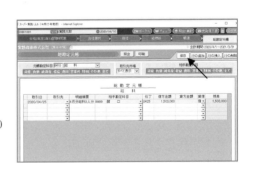

　　取引日:4/25　　取引先:　　明細摘要:4月分給料3人分

　　相手勘定科目:諸口　　　　仕丁:0425

　　借方金額:1,503,000　貸方金額:　貸借:借　残高:1,503,000

　内容が保存されると照会画面に変わる。

　同じように「当座預金」の入力。

　入力 をクリック。

［総勘定元帳入力］

12．総勘定元帳画面

　　勘定科目リストボックスから「当座預金」を選択。

　　データを入力。

　　　　取引日：4/25　　　取引先：実践銀行（▼で選択）

　　　　明細摘要：　　　　相手勘定科目：給料　　　仕丁：0425

　　　　借方金額：

　　　　貸方金額：1,142,879　　　　　貸借：借

　　　　残高：5,857,121

　　　保存をクリック。

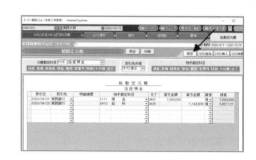

　　内容が保存されると照会画面に変わる。

　　同じように、「所得税預り金」の入力。入力をクリック。

　　勘定科目リストボックスから「所得税預り金」を選択。

　　データを入力し、保存をクリック。

　　　　取引日：4/25　　　取引先：　　　　明細摘要：

　　　　相手勘定科目：給料　　　仕丁：0425

　　　　借方金額：

　　　　貸方金額：57,030　　　　　貸借：貸

　　　　残高：57,030

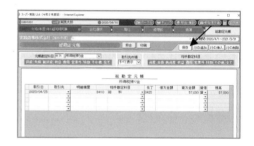

　　内容が保存されると照会画面に変わる。

　　同じように、「社会保険預り金」を入力。入力をクリック。

　　勘定科目リストボックスから「社会保険預り金」を選択。

　　データを入力し、保存をクリック。

　　　　取引日：4/25　　　取引先：　　　　明細摘要：

　　　　相手勘定科目：給料　　　仕丁：0425

　　　　借方金額：

　　　　貸方金額：203,491　　　　　貸借：貸

　　　　残高：203,491

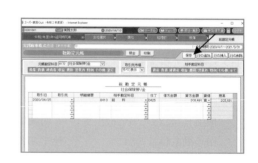

　　内容が保存されると照会画面に変わる。

　　同じように、「市町村民税預り金」の入力。入力をクリック。

［総勘定元帳入力］

13. 総勘定元帳画面

　　勘定科目リストボックスから「市町村民税預り金」を選択。

　　データを入力し、保存をクリック。

　　　　取引日:4/25　　取引先:　　　　　　　明細摘要:

　　　　相手勘定科目:給料　　　仕丁:0425

　　　　借方金額:

　　　　貸方金額:99,600　　　　　貸借:貸

　　　　残高:99,600

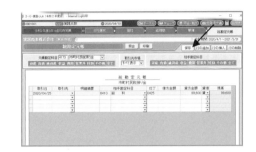

　　内容が保存されると照会画面に変わる。

　　メニューバーの帳簿をクリック。

［当座預金出納帳入力］

14. 帳簿メニュー画面

　　　［補助簿］の当座預金出納帳をクリック。

15. 当座預金出納帳画面

　　銀行名リストボックスから「実践銀行」を選択。

　　　　取引日:4/25　　　　　　　摘要:給与支払

　　　　小切手 NO:1　　　　　　　預入:　　　引出:1,142,879

　　　　貸借:借（▼で選択）　　　残高:5,857,121

　　保存をクリック。

　　内容が保存されると照会画面に変わる。

［チェック］

16. 伝票を基準とした元帳・補助簿入力チェック

　　チェックをクリック。

17. 記帳チェック画面

　　赤字の×がない事を確認し、閉じるをクリック。

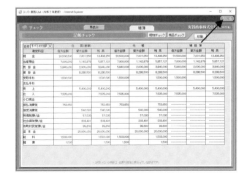

4月25日　支払業務と決算準備

2)運送費請求と小切手処理を学習しよう

運送費として小切手 ¥11,000 を切り、東京運送に4月13日分の運送費 ¥11,000（税込）を振り込む。　　（同一銀行のため、振込手数料は無料とする）

東京運送の処理（運送費請求書作成）を行う。

1. 商社メニュー画面
   会社選択 にポインタを合わせ、東京運送をクリック。

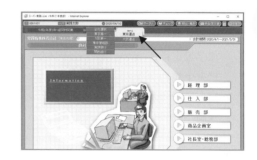

［運送費請求書作成］

東京運送の処理

1. 運送会社メニュー画面
   東京運送でログインされている事を確認。
   運輸・倉庫・保険業務 をクリック。

2. 運輸・倉庫・保険業務メニュー画面
   ［運送業務］の 運送費請求書 をクリック。

64

［運送費請求書作成］

3. 運送費請求書画面
　　請求先一覧をクリック。

　　該当する請求先をダブルクリック。

　　該当する請求内容を選択し、ダブルクリック。

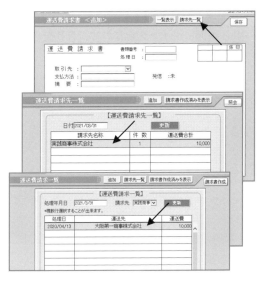

4. 運送費請求書画面
　　データを入力し、保存をクリック。
　　　処理日：4/25
　　　支払方法：
　　　摘要：

　　内容が保存されると照会画面に変わる。
　　内容を確認し、間違いがなければ上司の承認をもらい
　　印刷して押印、相手に郵送するか、発信をクリックし、
　　相手に運送費請求書を送る。

[運送費請求書作成]

5．商社メニュー画面
　　会社選択にポインタを合わせ、自社をクリック。

[小切手の作成]

自社の処理

1．商社メニュー画面
　　自社でログインされている事を確認。
　　経理部をクリック。

2．経理部メニュー画面
　　［経理課］の小切手をクリック。

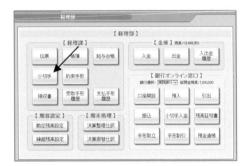

［小切手の作成］

3．小切手管理画面

データを入力し、保存をクリック。

NO:2

金額:11,000

振出日:令和 XX 年 4 月 25 日

支払場所:実践銀行（▼で選択）

確認ダイアログで再確認し、ＯＫをクリック。

小切手が作成された。

銀行へ持っていき、引出・振込に使うをクリック。

注）銀行オンライン窓口で振り込み、引き出しをする場合は

振り出しをしない事。

メニューバーの経理部をクリック。

［銀行振込］

4．経理部メニュー画面

　　銀行選択リストボックスから「実践銀行」を選択し、
　　振込をクリック。

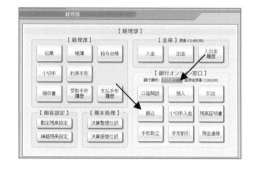

5．振込画面

　　データを入力し、依頼をクリック。

　　　　申込日：4/25

　　　　口座：当座（▼で選択）

　　　　振込先口座：東京運送（当座：実践銀行）（▼で選択）

　　　　（注）東京運送の口座が必要。

　　　　小切手：○○商事　小切手　2　額面：11,000（▼で選択）

　　　　暗証番号：

　　　　摘要：運送費振込

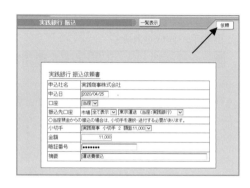

　　確認ダイアログで再確認し、OKをクリック。

　　内容が保存されると照会画面に変わる。

　　＊この問題は銀行の処理を自動にしてあるので、

　　　銀行処理欄の受付に「受付許可」と返事が返され、

　　　口座から自動的に引き落とされる。

　　メニューバーの経理部をクリック。

［振替伝票入力］

6. 経理部メニュー画面
　　［経理課］の 伝票 をクリック。

7. 伝票メニュー画面
　　［伝票］の 振替伝票 をクリック。

8. 振替伝票画面
　　データを入力し、保存 をクリック。
　　　取引日：4/25　伝票摘要：運送費支払
　　　（借）支払運賃　　10,000　　（貸）当座預金　11,000
　　　　　東京運送（▼で指定）　　　　実践銀行（▼で指定）
　　　（借）仮払消費税　　1,000

　　内容が保存されると照会画面に変わる。
　　メニューバーの 経理部 をクリック。

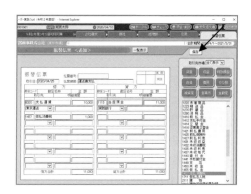

［総勘定元帳入力］

9. 経理部メニュー画面
　　［経理課］の 帳簿 をクリック。

10. 帳簿メニュー画面
　　［主要帳簿］の 総勘定元帳 をクリック。

11. 総勘定元帳画面
　　勘定科目リストボックスから「支払運賃」を選択。
　　データを入力し、保存 をクリック。
　　　取引日：4/25　　取引先：東京運送（▼で選択）
　　　明細摘要：　　　　相手勘定科目：当座預金
　　　仕丁：0425　　借方金額：10,000　　貸方金額：
　　　貸借：借　　残高：10,000

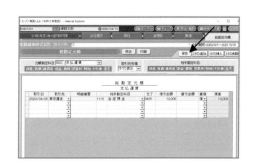

　　内容が保存されると照会画面に変わる。
　　同じように「当座預金」の入力。
　　入力 をクリック。

［総勘定元帳入力］

12．総勘定元帳画面

勘定科目リストボックスから「当座預金」を選択。

行の追加をクリックし、データを入力。

　取引日：4/25　　取引先：　　　　　明細摘要：

　相手勘定科目：諸口　　仕丁：0425

　借方金額：　　　　貸方金額：11,000

　貸借：借　　　　残高：5,846,121

保存をクリック。

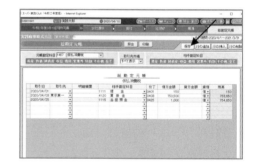

内容が保存されると照会画面に変わる。
同じように「仮払消費税」の入力。

入力をクリック。

勘定科目リストボックスから「仮払消費税」を選択。

行の追加をクリックし、データを入力。

　取引日：4/25　　取引先：　　　　　明細摘要：

　相手勘定科目：当座預金　　仕丁：0425

　借方金額：1,000　　貸方金額：

　貸借：借　　　　残高：754,650

保存をクリック。

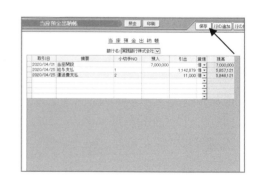

内容が保存されると照会画面に変わる。
メニューバーの帳簿をクリック。

［当座預金出納帳入力］

13．帳簿メニュー画面

　［補助簿］の当座預金出納帳をクリック。

14．当座預金出納帳画面

銀行名リストボックスから「実践銀行」を選択。

行の追加をクリックし、データを入力。

　取引日：4/25　　摘要：運送費支払

　小切手NO：2　　預入：　　　　引出：11,000

　貸借：借（▼で選択）　　残高：5,846,121

保存をクリック。

内容が保存されると照会画面に変わる。

［チェック］

15．伝票を基準とした元帳・補助簿のチェック
　　チェック をクリック。

16．記帳チェック画面
　　赤字の×がない事を確認し、閉じる をクリック。

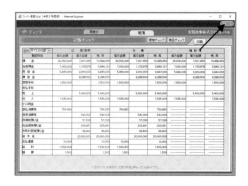

4月25日　支払業務と決算準備

3)決算準備をしよう

決算整理の準備として合計残高試算表を印刷する。

[合計残高試算表印刷]

1. 商社メニュー画面
   照会・集計をクリック。

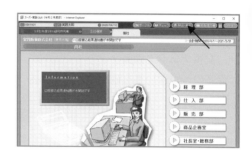

2. 照会・集計ウィンドウ画面
   [自動集計帳簿] の [自動転記帳簿] の
   合計残高試算表をクリック。

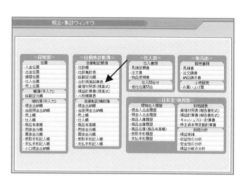

3. 合計残高試算表画面
   集計日に 4/25 と入力し、更新をクリック。

印刷をクリックし、合計残高試算表を印刷。
印刷が終わったら、閉じるをクリック。

4月30日　決算整理事項

　1)未払費用処理と決算整理入力をしよう

　　　広告宣伝費の未払額が ¥55,000（税込）あったので振替伝票で処理する。（未払費用勘定を使用）

　　　精算表によって行う。

　　・　商品期末棚卸は、在庫金額により整理仕訳をする。

　　・　消費税の整理仕訳を行う。（仮払消費税、仮受消費税の相殺）

［振替伝票入力］

1. 商社メニュー画面

　　経理部をクリック。

2. 経理部メニュー画面

　　［経理課］の伝票をクリック。

3. 伝票メニュー画面

　　［伝票］の振替伝票をクリック。

4. 振替伝票画面

　　データを入力し、保存をクリック。

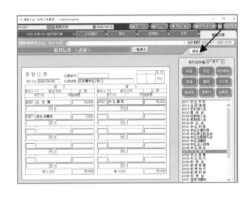

　　　取引日：4/30　伝票摘要：広告費未払い計上

　　　（借）広告費　　　50,000　　（貸）未払費用　　　55,000

　　　（借）仮払消費税　5,000

　　内容が保存されると照会画面に変わる。

　　メニューバーの経理部をクリック。

5. 総勘定元帳への入力

　　広告費、仮払消費税及び未払費用を記帳する。

［商品在庫確認］

6. 経理部メニュー画面
   照会・集計をクリック。

7. 照会・集計ウィンドウ画面
   ［社長室・総務部］の［現物出入履歴］の
   商品在庫（商品有高帳）をクリック。

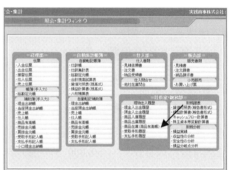

8. 商品在庫画面
   商品名を選択し、ダブルクリック。

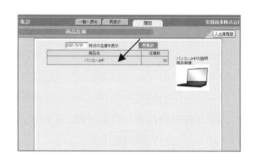

   在庫の金額を確認し、閉じるをクリック。

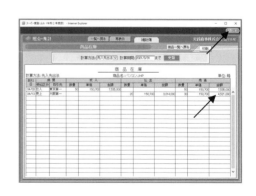

74

［決算整理入力］

9．経理部メニュー画面
　　［期末処理］の決算整理仕訳をクリック。

10．精算表整理記入画面
　　仮払消費税、仮受消費税の金額を確認。

　　画面の［整理記入］欄の借方・貸方に直接入力。
　　入力したい勘定科目が表示されていない場合は、行の挿入ま
　　たは行の追加をクリックして入力。
　　（借）繰越商品　4,521,000　　（貸）仕入　　　　　4,521,000
　　（借）仮受消費税　540,000　　（貸）仮払消費税　　759,650
　　（借）未収金　　　219,650
　　データ入力後、保存をクリック。

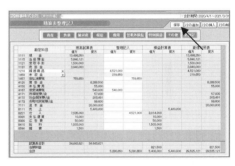

　　内容が保存されると照会画面に変わる。
　＊消費税の仕組
　　仮払消費税：仕入れや費用（給料は除く）は、支払い時に
　　相手に支払われる。
　　仮受消費税：売上時に相手から一時的に受け取る。

　　決算時に仮払消費税と仮受消費税を比較する。
　　「仮払＞仮受」の場合、還付されるので未収金勘定科目を使用。
　　「仮払＜仮受」の場合、未払消費税等で処理する。

11．総勘定元帳への入力
　　繰越商品、仕入、仮払消費税、仮受消費税及び未収金を記帳する。

4月30日　決算整理事項

2)決算資料を提出しよう

　　各自の会社の精算表を印刷する。

　　決算が確定後、貸借対照表、損益計算書も印刷する。

［精算表印刷］

1. 商社メニュー画面

　　照会・集計をクリック。

2. 照会・集計ウィンドウ画面

　　［自動集計帳簿］の［自動転記帳簿］の

　　八桁精算表をクリック。

3. 八桁精算表画面

　　印刷をクリックし、八桁精算表を印刷。

　　印刷が終わったら、一覧へ戻るをクリック。

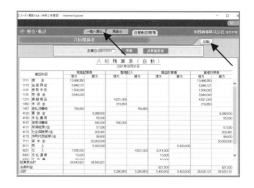

［貸借対照表印刷］

4．照会・集計ウィンドウ画面
   ［自動集計帳簿］の［自動転記帳簿］の
   貸借対照表（残高式）をクリック。

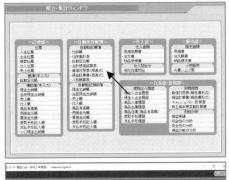

5．貸借対照表画面
   印刷をクリックし、貸借対照表を印刷。

   印刷が終わったら、一覧へ戻るをクリック。

［損益計算書印刷］

6．照会・集計ウィンドウ画面
   ［自動集計帳簿］の［自動転記帳簿］の
   損益計算書（残高式）をクリック。

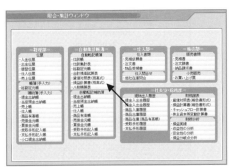

7．損益計算書画面
   印刷をクリックし、損益計算書を印刷。

   印刷が終わったら、閉じるをクリック。

7. 名刺作成

1. 商社メニュー画面の 社長室・総務部 をクリック。

2. 社長室・総務部メニュー画面の 名刺作成 を
クリック。

3. 名刺作成画面が表示される。

レイアウトを自由に設定でき、画像を2つ貼り付ける事ができる。

編集を破棄 ボタン

編集内容を初期化。

＊保存していないデータは復元不可能になるので要注意

印刷時の余白

定形用紙に合わせるための余白を調整。

保存 ボタン

入力内容を保存。

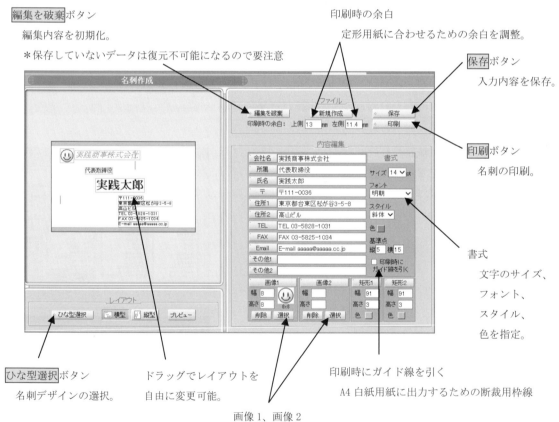

印刷 ボタン

名刺の印刷。

書式

文字のサイズ、
フォント、
スタイル、
色を指定。

ひな型選択 ボタン

名刺デザインの選択。

ドラッグでレイアウトを
自由に変更可能。

印刷時にガイド線を引く

A4白紙用紙に出力するための断裁用枠線

画像1、画像2

貼り付ける画像の指定。

8. メール作成

1. 受発信文書 をクリック。

2. 受発信文書画面の メール作成 をクリック。

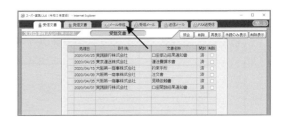

3. メール作成画面が表示される。

宛先を選択し、作成日・件名・内容を入力し、送信 をクリック。

添付がある場合は 参照 をクリックし、アップロードする。

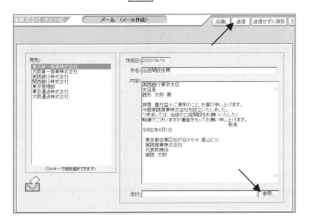

4. メールが相手に送られる。

【挨拶文書例】

---

1. 当座開設依頼文

実践銀行東京支店　支店長　銭形　太郎　殿
拝啓　貴社益々ご清栄のこと、お喜び申し上げます。
今般〇〇商事株式会社を設立いたしました。
つきましては、当座の口座開設をお願いいたしたく
略儀でございますが書面をもってお願い申し上げます。

敬具

令和 XX 年 4 月 1 日
東京都千代田区五番町五番地　〇〇ビル
〇〇商事株式会社
代表取締役　〇〇　一郎

---

2. 取引依頼文

ｘｘ商事株式会社
代表取締役　ｘｘ　三郎　殿
拝啓　貴社益々ご清栄のこと、お喜び申し上げます。
今般〇〇商事株式会社を設立いたしました。
つきましては、今後末永いお取引をお願いいたしたく
略儀ながら書中をもってご挨拶申し上げます。

敬具

令和 XX 年 4 月吉日
〇〇商事株式会社
代表取締役　〇〇　一郎

---

3. 代表取締役就任の挨拶文

謹啓　皆様にはますますご隆昌の事とお慶び申し上げます。
さて　私儀　X 月 X 日開催の弊社第一回臨時株主総会ならびに取締役会におきまして代表取締役に選任され就任いたしました。
微力非才の身でございますが全力で社業の発展に尽くす所存でございますのでなにとぞご指導とご支援を賜りますようお願い
申し上げます。
まずは略儀ながら書中をもってご挨拶申し上げます。

謹白

令和 XX 年 4 月吉日
〇〇商事株式会社
代表取締役　〇〇　一郎

---

9. 会社設立後の諸届一覧

届出の提出先	届出書類	提出期限・備考
税務署	1 法人設立届出書	設立の日から2ヶ月以内
	2 給与支払事務所等の開設届出書	給与支払事務所等を設けた日から1ヶ月以内
	3 棚卸資産の評価方法の届出書	確定申告の提出期限まで
	4 減価償却資産の償却方法の届出書	確定申告の提出期限まで
	5 青色申告の承認申請書	設立3ヶ月を経過した日と最初の事業年度終了日のうち、いずれか早い日の前日
労働基準監督署 （労災保険）	適用事業報告	提出期限はそれぞれ、雇用してから10日以内、保険関係成立から10日以内と期限が短いので注意
	労働保険関係成立届	
	就業規則	従業員10人以上の場合は義務
地方公共団体	事業開始等申告書 （法人設立届出書）	事業開始等申告書を都道府県、法人設立届出書を市区町村へ届出ます
ハローワーク （雇用保険）	雇用保険適用事業所設置届（従業員を雇用するとき適用事業所となる）	開設後10日以内。これらの届け出は労働基準監督署へ労働保険関係成立届を提出した後直ちに届け出ます
	雇用保険被保険者資格取得届	雇用した翌月の10日までに提出
社会保険事務所	新規適用届	
	新規適用事業所現況書	
	被保険者資格取得届	法人の場合は全事業所に社会保険加入の法的義務があります
	被扶養者（異動）届	
	国民年金第3号被保険者関係届	

第2章
模擬実践取引演習1
（内税取引）

1. 演習の前提条件

1. 市場の組織構成と売買取引

この演習問題では、東京市場の生徒は卸売商 東京第一 ～ 東京第n を、大阪市場では卸売商 大阪第一 ～ 大阪第n を選択する。

第1回目の取引は、各卸売商はそれぞれ指定された商品を相手市場の卸売商から仕入れ、地元総合商社へ売り渡す。

卸売商は先生の指示する他市場の卸売商と取引を行う。

（例：東京第一 なら 大阪第一 と、大阪第二 なら 東京第二）

商品在庫が足りなくなった場合には、相手市場の卸売商から仕入れる。

第2回目の取引は、相手市場の複数の（2社以上）卸売商へ見積依頼を行い、もっとも見積りの安い卸売商から商品を仕入れる。

第3回目の取引は、各卸売商が自社オリジナル商品を企画し、地元製造会社（総合商社内）へ商品製作を委託し商品価格（標準価格）の40％で仕入れる。

商品価格（標準価格）は＠95,000－を目安に企画する。（例1箱10個入り、1台等）

＊生徒は決められた会社を選択して演習を開始する。

代表取締役、仕入、販売の各担当をそれぞれ決めておく。

状況によっては総合商社・運送会社・銀行は先生側が対応する。

※なお、運送会社と銀行は自動処理を想定しています。（必要に応じて生徒が担当しても構いません）

※台場ホールディングス・堂島ホールディングスは生徒が担当する必要はありません。

2. 消費税について

○商品やサービスを提供し、その対価として受け取る金額の本体価格とそれにかかる消費税額を合計した金額を表示する事を「内税表示」または「総額表示」と言う。2004年4月から小売店等が不特定多数に販売する場合、店頭に貼る値札の段階で消費税額を含めた総額を表示しなければならなくなった。

商社間の取引に関しては今までどおり外税で処理をしても良い事になっているが、この演習問題では「内税」での取引として処理を進める。

金額は全て消費税込み。

例：（借）運送費　¥11,000　は運送費本体が10,000円と仮払消費税1,000円を合わせた金額

本演習は内税で処理する。

○決算時の消費税処理について

内税で処理すると決算のとき消費税を売上や仕入、経費から控除しなければならない。

例：仮払消費税額＝仕入金額－（仕入金額／110*100）＋経費分の支払い消費税額

仮受消費税額＝売上金額－（売上金額／110*100）

＊経費の中で消費税がかからない物

給与・租税公課・保険料・法定福利費等

3. 記帳方法

商品売買は、三分法で記帳する。

期首に前期からの繰越商品を期首商品棚卸高に振り替える。決算のときの商品売買益（損）は、期中の純仕入高と期末の棚卸（期末商品棚卸高）より求める。

商品売買益（損） ＝ 純売上高 － 売上原価

売上原価 ＝ 期首商品棚卸高 ＋ 純仕入高 － 期末商品棚卸高

4. 取引の概要

①他市場の卸売商社から商品を仕入れる

各市場の卸売商は商品を他市場の卸売商から仕入れる。

取引に当っては1回目の取引は演習問題に沿って仕入れを行う。

2回目の取引は2社以上に見積依頼を出し、見積金額の安いほうから購入する。

3回目の取引は各商社がオリジナル商品を企画し、地元のメーカー（総合商社）に製造依頼し標準価格の40％で仕入れ、他市場の商社に販売する。

オリジナル商品の標準価格は＠95，000－位とする。

販売価格は商品の魅力をPRしながら利益と他社販売価格を考えて決定する。

②総合商社への販売

他市場から仕入れた商品は総合商社へ販売する。

③経費・支払い条件と経理・決算処理

支払いは現金、小切手振出、または小切手を切り銀行の口座振込で行う。

人件費などの費用を支払った上ですべての伝票を記入し記帳チェックを行う。

最後に経営者として自社の決算結果を確認する。

④小切手、手形の番号について

小切手番号及び手形番号（6桁）は代表者の学生番号（4桁）に2桁の数字の連番（例：3年1組99番は319901～319950）で発行順に入力する。

⑤総勘定元帳、補助簿の入力及び金庫の入金・出金について

文中（総勘定元帳、補助簿入力）、（金庫・入金）又は（金庫・出金）と表示してある処理は、授業の内容により入力しないで進める場合があるので先生の指示に従う事。

⑥補助簿の商品有高帳の計算方法は、この例題では「先入先出法」で行う。

※上記の各取引に関連する機関商（総合商社・運送会社・銀行）等は必要に応じて担当者を決める。
※なお、運送会社と銀行は自動処理を想定しています。（必要に応じて生徒が担当しても構いません）
※台場ホールディングス・堂島ホールディングスは生徒が担当する必要はありません。

2. 取引の流れ

東京市場　会社・業務別タイムテーブル

日付	東京第n商事 総務・経理業務	東京第n商事 販売業務	東京第n商事 仕入業務	東京総合商社	台場ホールディングス	おえど銀行 自動処理が基本	浅草運送 自動処理が基本
4月1日	社員台帳作成・期首設定 繰越商品の棚卸						
4月2日	東京総合商社から切手購入(現金)			東京第n商事へ切手代金受取(現金)			
4月3日	東京総合商社へ広告依頼(小切手振出)			東京第n商事へ広告料受取(小切手入金)		東京総合商社からの小切手入金依頼の受付処理	
4月4日	東京総合商社から消耗品購入(月末支払)			東京第n商事へ消耗品販売			
4月5日	東京総合商社から消耗品購入(手形振出)			東京第n商事へ消耗品代金受取(手形)			
4月6日		大阪第n商事へノートPC販売申込メール送信					
4月7日			大阪第n商事から電子レンジ販売申込メール受信 大阪第n商事へ電子レンジの見積書依頼書送付				
4月8日		大阪第n商事からノートPCの見積書依頼書受取 大阪第n商事へノートPCの見積書送付					
4月9日			大阪第n商事から電子レンジの見積書受取 大阪第n商事へ電子レンジの注文書送付				
4月10日		大阪第n商事からノートPCの注文書見取 大阪第n商事へノートPCの注文請書送付					
4月11日			大阪第n商事から電子レンジの注文請書受取 大阪第n商事からの電子レンジの注文請書確認				
	浅草運送へ保険料支払(現金)	大阪第n商事へノートPC売上出庫(浅草運送)					東京第n商事から保険料受取(現金) 大阪第n商事へ商品発送
	浅草運送から運送費請求書受取	大阪第n商事へ納品書送付					東京第n商事へ運送費請求書送付
4月13日			大阪第n商事から電子レンジ仕入入庫 大阪第n商事へ物品受領書送付				
	浅草運送へ火災保険の契約と支払い(小切手振込)	大阪n商事から物品受領書受取				東京n商事からの振込依頼の受付処理	東京第n商事と火災保険契約と料金回収(振込)
4月15日		東京総合商社へ電子レンジ売上出庫(浅草運送)		東京第n商事から電子レンジ仕入入庫			東京総合商社へ商品発送
		東京総合商社へ管理部宛納品書送付		東京第n商事から管理部宛納品書受取			
	浅草運送から運送費請求書受取						東京第n商事へ運送費請求書送付
4月16日	東京総合商社から商品代金回収(現金)			東京第n商事へ電子レンジ代金支払(現金)			
	東京総合商社から収入印紙購入(小切手振出)			東京第n商事から収入印紙代金受取(小切手入金)		東京総合商社からの小切手入金依頼の受付処理	
4月17日	大阪第n商事へ買掛金支払(小切手振込)					東京第n商事からの振込依頼の受付処理	
4月18日	大阪第n商事からの買掛金入金確認 大阪第n商事へ領収書発行						
	東京総合商社から収入印紙購入(現金)			東京第n商事から収入印紙代受取(現金)			
4月20日				台場HDへ電子レンジ売上出庫	東京総合商社から電子レンジ仕入入庫		
4月21日				台場HDから商品代金回収(現金) おえど銀行へ現金預入依頼	東京総合商社へ商品代金支払(現金)	東京総合商社からの預入依頼の受付処理	
4月22日		東京総合商社へ電子レンジ売上出庫(浅草運送)		東京第n商事から電子レンジ仕入入庫			東京総合商社へ商品発送
		東京総合商社へ管理部宛納品書送付		東京第n商事から管理部宛納品書受取			
	浅草運送から運送費請求書受取						東京第n商事へ運送費請求書送付
4月25日	東京総合商社へ給与代金支払(小切手振出)			東京第n商事へ給与代金受取(小切手入金) 仮受金の処理		東京総合商社からの小切手入金依頼の受付処理	
	東京総合商社へ未払費用代金支払(小切手振出)					東京総合商社からの振込依頼の受付処理	
4月28日				東京第n商事へ未払費用代金受取(小切手入金)		東京総合商社からの小切手手入金依頼の受付処理	
	浅草運送へ4月分運送費支払(小切手振込)					東京第n商事からの振込依頼の受付処理	東京第n商事からの入金の確認
4月30日	合計残高試算表の確認						

大阪市場　会社・業務別タイムテーブル

日付	大阪第n商事 総務・経理業務	大阪第n商事 販売業務	大阪第n商事 仕入業務	大阪総合商社	堂島ホールディングス	なにわ銀行 自動処理が基本	淀川運送 自動処理が基本
4月1日	社員台帳作成・期首設定 繰越商品の棚卸						
4月2日				大阪第n商事へ切手代金受取(現金)			
4月3日	大阪総合商社へ広告依頼(小切手振出)			大阪第n商事へ広告料受取(小切手入金)		大阪総合商社からの小切手入金受付処理	
4月4日	大阪総合商社から消耗品購入(月末支払)			大阪第n商事へ消耗品販売			
4月5日	大阪総合商社から消耗品購入(手形振出)			大阪第n商事へ消耗品代金受取(手形)			
4月6日		東京第n商事へ電子レンジ販売申込メール送信					
4月7日			東京第n商事からノートPC販売申込メール受信 東京第n商事へノートPCの見積書依頼書送付				
4月8日		東京第n商事から電子レンジの見積書依頼書受取 東京第n商事へ電子レンジの見積書送付					
4月9日			東京第n商事からノートPCの見積書受取 東京第n商事へノートPCの注文書送付				
4月10日		東京第n商事から電子レンジの注文書受取 東京第n商事へ電子レンジの注文請書送付					
4月11日			東京第n商事からノートPCの注文請書受取 東京第n商事からのノートPCの注文請書確認				
	淀川運送へ保険料支払(現金)	東京第n商事へ電子レンジ売上出庫(淀川運送)					大阪第n商事から保険料受取(現金) 東京第n商事へ商品発送
	淀川運送から運送費請求書受取	東京第n商事へ納品書送付					大阪第n商事へ運送費請求書送付
4月13日			東京第n商事からのノートPC仕入入庫 東京第n商事へ物品受領書送付				
	淀川運送へ火災保険の契約と支払い(小切手振込)	東京第n商事から物品受領書受取				大阪第n商事からの振込依頼の受付処理	東京第n商事と火災保険契約と料金回収(振込)
4月15日		大阪総合商社へノートPC売上出庫(淀川運送)		大阪第n商事からノートPC仕入入庫			大阪総合商社へ商品発送
		大阪総合商社へ管理部宛納品書送付		大阪第n商事から管理部宛納品書受取			
	淀川運送から運送費請求書受取						大阪第n商事へ運送費請求書送付
4月16日	大阪総合商社から商品代金回収(現金) 大阪総合商社から収入印紙購入(小切手振出)			大阪第n商事へノートPC代金支払(現金) 大阪第n商事から収入印紙代金受取(小切手入金)		大阪総合商社からの小切手入金依頼の受付処理	
4月17日	東京第n商事へ買掛金支払(小切手振込)					大阪第n商事からの振込依頼の受付処理	
4月18日	東京第n商事からの買掛金入金確認 東京第n商事へ領収書発行 大阪総合商社から収入印紙購入(現金)			大阪第n商事から収入印紙代金受取(現金)			
4月20日				堂島HDへノートPC売上出庫	大阪総合商社からノートPC仕入入庫		
4月21日				堂島HDから商品代金回収(現金) なにわ銀行へ現金預入依頼	大阪総合商社へ商品代金支払(現金)	大阪総合商社からの預入依頼の受付処理	
4月22日		大阪総合商社へノートPC売上出庫(淀川運送)		大阪第n商事からノートPC仕入入庫			大阪総合商社へ商品発送
		大阪総合商社へ管理部宛納品書送付		大阪第n商事から管理部宛納品書受取			
	淀川運送から運送費請求書受取						大阪第n商事へ運送費請求書送付
4月25日	大阪総合商社へ給与代金支払(小切手振出)			大阪第n商事から給与代金受取(小切手入金) 仮受金の処理		大阪総合商社からの小切手入金依頼の受付処理	
	大阪総合商社へ未払費用代金支払(小切手振出)					大阪総合商社からの振込依頼の受付処理	
4月28日				大阪第n商事から未払費用代金受取(小切手入金)		大阪総合商社からの小切手入金依頼の受付処理	
	淀川運送へ4月分運送費支払(小切手振込)					大阪第n商事からの振込依頼の受付処理	大阪第n商事からの入金の確認
4月30日	合計残高試算表の確認						

取引図

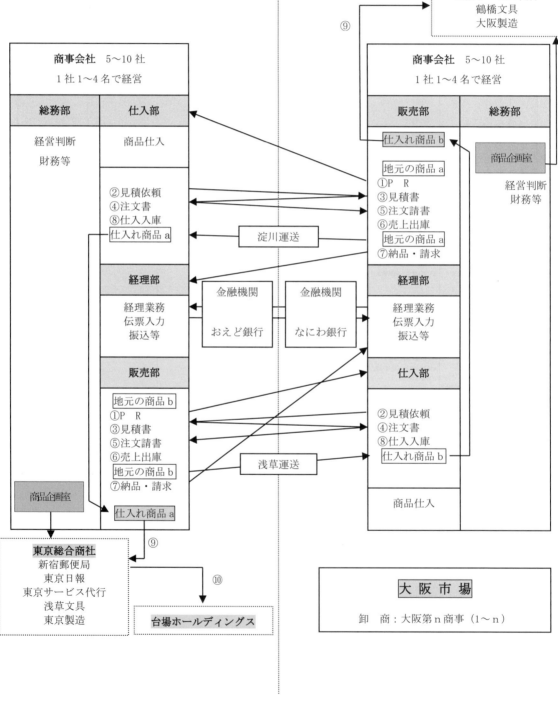

3. 市場構成と取扱商品

(1) 会社一覧

	名称	住所	TEL・FAX
銀 行	おえど銀行株式会社	〒169-0074 東京都新宿区北新宿 1-1-1 北新宿ビル	Tel 03-4432-2222 Fax 03-4432-2323
	なにわ銀行株式会社	〒542-0002 大阪市中央区大阪城 1-1-1	Tel 06-2453-3333 Fax 06-2453-3232
総 合 商 社	東京総合商社	〒160-0022 東京都新宿区新宿 2-2-2 東京総合ビル	Tel 03-1423-4444 Fax 03-1423-4343
	大阪総合商社	〒541-0053 大阪市中央区本町 2-2-2 大阪総合ビル	Tel 06-4444-5555 Fax 06-4444-5454
商 社 (持株会社)	台場ホールディングス 株式会社	〒135-0091 東京都港区台場 5-5-5	Tel 03-6677-6767 Fax 03-6677-6768
	堂島ホールディングス 株式会社	〒530-0003 大阪府大阪市北区堂島 5-5-5	Tel 06-6677-6767 Fax 06-6677-6768
運送・倉庫・ 保険	浅草運送株式会社	〒111-0036 東京都台東区松が谷 3-3-3	Tel 03-6543-6666 Fax 03-6543-6565
	淀川運送株式会社	〒532-0003 大阪市淀川区宮原 3-3-3	Tel 06-2124-7777 Fax 06-2124-7676

※取引例題では株式会社省略

以下、各市場の商社（卸売商）は各自が記入する。

(2) 取扱商品（税込価格）

取扱市場	商品名称	標準販売 単価	標準仕入 単価	運送料 単価	倉庫料 単価	重量 (kg)	容積 (m³)
東京	ノートパソコン	154,000	92,400	1,210	115	5	1
東京	エスプレッソマシーン	11,000	6,600	550	10	5	1
大阪	電子レンジ	88,000	52,800	880	55	3	0.5
大阪	全自動たこ焼き機	11,000	6,600	550	10	3	1

(3) 給与台帳

	社員番号	氏名	基本給	職務手当	通勤手当	扶養家族手当	その他手当	支給計	
	役職	扶養家族	所得税	健康保険	厚生年金	雇用保険	住民税	控除計	差引支給
1									—
		名				—			
2									—
		名							
3									—
		名							
									—
		名							
									—
		名							
		合　計							

参考　社会保険料は健康保険、厚生年金及び雇用保険の合計額

給与台帳サンプル

	社員番号	氏名	基本給	職務手当	通勤手当	扶養家族手当	その他手当	支給計	
	役職	扶養家族	所得税	健康保険	厚生年金	雇用保険	住民税	控除計	差引支給
1	1	実践太郎	800,000					800,000	—
	(社長)	3名	45,340	46,057	56,730	—	67,000	215,127	584,873
2	2	実践華子	375,000	25,000	33,000	15,000		448,000	—
	(課長)	2名	7,210	21,714	40,260	1,344	25,000	95,528	352,472
3	3	実践次郎	230,000		25,000			255,000	—
	(社員)	0名	4,480	12,831	23,790	765	7,600	49,466	205,534
		合　計	1,405,000	25,000	58,000	15,000		1,503,000	—
			57,030	80,602	120,780	2,109	99,600	360,121	1,142,879

(4) 計画書（自社情報を 1 に記入する）

東京市場　　卸売商

	商社名称／住所／TEL・FAX	担当部署	担当者
例	東京第一商事株式会社 〒160-0023　東京都新宿区西新宿 1-1-1 TEL 03-7766-1111　　FAX 03-7766-1212	代表取締役	東京　一郎
		経理部	東京　花江
		仕入部	東京　小太郎
		販売部	東京　太郎
1		代表取締役	
		経理部	
		仕入部	
		販売部	
2		代表取締役	
		経理部	
		仕入部	
		販売部	
3		代表取締役	
		経理部	
		仕入部	
		販売部	
4		代表取締役	
		経理部	
		仕入部	
		販売部	
5		代表取締役	
		経理部	
		仕入部	
		販売部	
6		代表取締役	
		経理部	
		仕入部	
		販売部	
7		代表取締役	
		経理部	
		仕入部	
		販売部	
8		代表取締役	
		経理部	
		仕入部	
		販売部	
9		代表取締役	
		経理部	
		仕入部	
		販売部	
10		代表取締役	
		経理部	
		仕入部	
		販売部	

計画書（自社情報を 1 に記入する）

大阪市場　　卸売商

	商社名称／住所／TEL・FAX	担当部署	担当者
例	大阪第一商事株式会社 〒540-0076　大阪市中央区難波 1-1-1　難波ビル TEL 06-1211-1111　　FAX 06-1211-1212	代表取締役	大阪　美紀
		経理部	大阪　花江
		仕入部	大阪　小太郎
		販売部	大阪　太郎
1		代表取締役	
		経理部	
		仕入部	
		販売部	
2		代表取締役	
		経理部	
		仕入部	
		販売部	
3		代表取締役	
		経理部	
		仕入部	
		販売部	
4		代表取締役	
		経理部	
		仕入部	
		販売部	
5		代表取締役	
		経理部	
		仕入部	
		販売部	
6		代表取締役	
		経理部	
		仕入部	
		販売部	
7		代表取締役	
		経理部	
		仕入部	
		販売部	
8		代表取締役	
		経理部	
		仕入部	
		販売部	
9		代表取締役	
		経理部	
		仕入部	
		販売部	
10		代表取締役	
		経理部	
		仕入部	
		販売部	

他市場商社からの仕入商品計画書

	例	1.	2.
商品名称	ワイン		
仕入先	YY 株式会社		
運送会社	YY 運送		
仕入単価	¥840		
数量	50		
仕入金額合計	¥42,000		
支払期日	5/10		

	3.	4.	5.
商品名称			
仕入先			
運送会社			
仕入単価			
数量			
仕入金額合計			
支払期日			

	6.	7.	8.
商品名称			
仕入先			
運送会社			
仕入単価			
数量			
仕入金額合計			
支払期日			

商社企画商品計画書

例   1.

商品コード(4桁)	0001			
商品名称	チーズ＆ワイン			
商品略名称	チーズ＆ワイン			
1）利用商品／仕入原価	チーズ	¥1,750		
2）利用商品／仕入原価	ワイン	¥850		
3）利用商品／仕入原価				
4）利用商品／仕入原価				
単位［個, 袋, 箱, ケース等］				
標準販売単価	¥5,200			
標準仕入単価	¥2,600			
運送料単価	¥300			
倉庫料単価	¥30			
商品重量（kg）	1			
商品容積（m³）	1			
備考				
商品画像保存場所				

2.   3.

商品コード(4桁)				
商品名称				
商品略名称				
1）利用商品／仕入原価				
2）利用商品／仕入原価				
3）利用商品／仕入原価				
4）利用商品／仕入原価				
単位［個, 袋, 箱, ケース等］				
標準販売単価				
標準仕入単価				
運送料単価				
倉庫料単価				
商品重量（kg）				
商品容積（m³）				
備考				
商品画像保存場所				

商社企画商品計画書

	4		5.	
商品コード(4桁)				
商品名称				
商品略名称				
1）利用商品／仕入原価				
2）利用商品／仕入原価				
3）利用商品／仕入原価				
4）利用商品／仕入原価				
単位[個, 袋, 箱, ダース等]				
標準販売単価				
標準仕入単価				
運送料単価				
倉庫料単価				
商品重量（kg）				
商品容積（m³）				
備考				
商品画像保存場所				

	6.		7.	
商品コード(4桁)				
商品名称				
商品略名称				
1）利用商品／仕入原価				
2）利用商品／仕入原価				
3）利用商品／仕入原価				
4）利用商品／仕入原価				
単位[個, 袋, 箱, ダース等]				
標準販売単価				
標準仕入単価				
運送料単価				
倉庫料単価				
商品重量（kg）				
商品容積（m³）				
備考				
商品画像保存場所				

4. 期首残高

各商社は下記の貸借対照表を確認し、繰越残高設定と勘定残高設定を行う。

東京市場　　　　　　　　　　貸借対照表　令和ＸＸ年４月１日

東京第ｎ商事株式会社（１～ｎ）

資　　　　産		負債および資本	
現　　　金	２，３００，０００	長期借入金	２２，８７０，０００
当　　　座	１０，７５０，０００	（おえど銀行借入金）	
（おえど銀行）		資　本　金	３５，０００，０００
繰越商品	３４，３２０，０００		
（ノートパソコン 350x@92,400)			
（エスプレッソマシーン 300x@6,600)			
建　　　物	８，０００，０００		
備　　　品	１，５００，０００		
営　業　権	１，０００，０００		
	５７，８７０，０００		５７，８７０，０００

繰越残高設定

1. 会社選択画面

　会社選択画面で所属する会社を

　選択し、代表取締役の名前を入力して

　決定をクリック。

　商社メニュー画面の経理部をクリック。

　※同じ会社を複数の生徒が担当する

　　場合、代表者一人が入力する事。

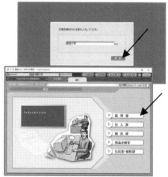

2. 経理部メニュー画面

　　【期首設定】の繰越残高設定をクリック。

3. 繰越残高設定画面

　上記の貸借対照表を確認、「現金」「口座」「商品」を入力し、保存をクリック。

　照会画面で確認後、経理部をクリック。

　※下図は東京第ｎ商事の記入例

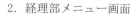
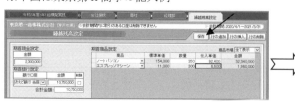

各商社は下記の貸借対照表を確認し、繰越残高設定と勘定残高設定を行う。

大阪市場　　　　　　　　　　貸借対照表　　令和ＸＸ年４月１日

大阪第 n 商事株式会社（1～n）

資　　　　　産		負債および資本	
現　　金	２，１００，０００	長期借入金	２２，２５０，０００
当　　座	７，２１０，０００	（なにわ銀行借入金）	
（なにわ銀行）		資　本　金	３５，０００，０００
繰越商品	３８，９４０，０００		
（電子レンジ　700x@52,800）			
（全自動たこ焼き機　300x@6,600）			
建　　物	７，０００，０００		
備　　品	１，５００，０００		
営　業　権	５００，０００		
	５７，２５０，０００		５７，２５０，０００

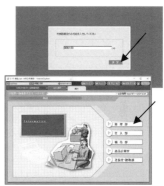

繰越残高設定

1. 会社選択画面

　　会社選択画面で所属する会社を

　　選択し、代表取締役の名前を入力して

　　決定をクリック。

　　商社メニュー画面の経理部をクリック。

　　※同じ会社を複数の生徒が担当する

　　　場合、代表者一人が入力する事。

2. 経理部メニュー画面

　　【期首設定】の繰越残高設定をクリック。

3. 繰越残高設定画面

　　上記の貸借対照表を確認、「現金」「口座」「商品」を入力し、保存をクリック。

　　照会画面で確認後、経理部をクリック。

　　※下図は大阪第 n 商事の記入例

期首残高設定（東京ｎ商事）

期首残高設定

1. 経理部メニュー画面

　　【期首設定】の勘定残高設定をクリック。

2. 勘定残高設定画面

　　繰越残高設定からデータを取り込むをクリック。

　　ダイアログを確認し、OKをクリック。

3. 勘定残高設定画面

　　現金等のデータが自動で入力される。

　　貸借対照表を確認し、その他のデータを入力、

　　保存をクリック。

　　※右図は東京第ｎ商事の記入例

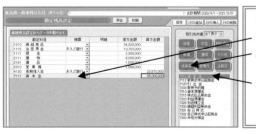

○　勘定科目の入力方法

1. 入力する行にカーソルを合わせる。

2. 勘定科目分類ボタンをクリックし、科目の絞込みをする。

3. 該当する勘定科目をダブルクリック。

＊直接勘定コード入力場所に、コードを入力する事も可

勘定残高設定

1. 経理部メニュー画面

　【期首設定】の勘定残高設定をクリック。

2. 勘定残高設定画面

　繰越残高設定からデータを取り込むをクリック。

　ダイアログを確認し、OKをクリック。

3. 勘定残高設定画面

　現金等のデータが自動で入力される。

　貸借対照表を確認し、その他のデータを入力、

　保存をクリック。

　※右図は大阪第n商事の記入例

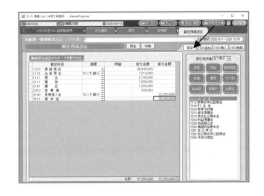

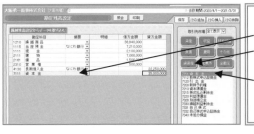

○ 勘定科目の入力方法

1. 入力する行にカーソルを合わせる。

2. 勘定科目分類ボタンをクリックし、科目の絞込みをする。

3. 該当する勘定科目をダブルクリック。

＊直接勘定コード入力場所に、コードを入力する事も可

4. 勘定残高設定画面

　照会画面で内容を確認し、経理部をクリック。

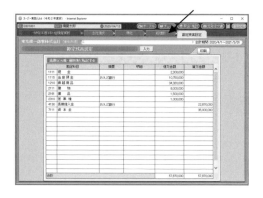

5. 経理部メニュー画面

　期首残高の内容を総勘定元帳と補助簿に転記する。

　繰越商品は補助簿の商品有高帳に記入する。

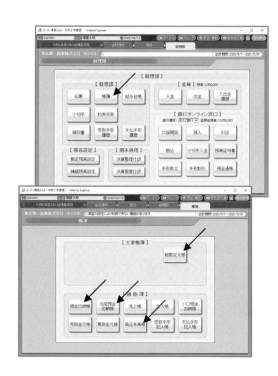

※銀行、運輸倉庫及び管理部は設定済（総勘定元帳、補助簿は未記帳）。

4. 勘定残高設定画面

　　照会画面で内容を確認し、経理部をクリック。

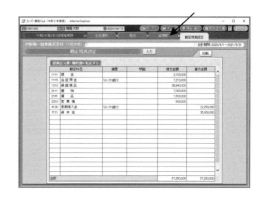

5. 経理部メニュー画面

　　期首残高の内容を総勘定元帳と補助簿に転記する。

　　繰越商品は補助簿の商品有高帳に記入する。

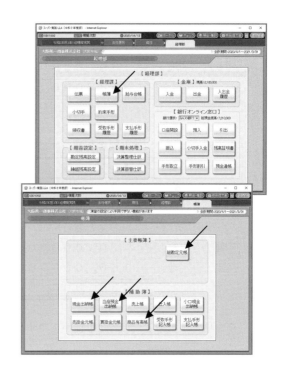

※銀行、運輸倉庫及び管理部は設定済（総勘定元帳、補助簿は未記帳）。

東京市場

おえど銀行株式会社 （初期設定済み）

資	産	負債および資本
現　　金	９９９，９５０，０００	資　本　金　　９９９，９５０，０００
	９９９，９５０，０００	９９９，９５０，０００

東京総合商社 （初期設定済み）

資	産	負債および資本
現　　金	５０，０００，０００	資　本　金　　８３８，０００，０００
当　　座	５００，０００，０００	
（おえど銀行）		
建　　物	１０８，０００，０００	
土　　地	１８０，０００，０００	
	８３８，０００，０００	８３８，０００，０００

台場ホールディングス株式会社 （初期設定済み）

資	産	負債および資本
現　　金	１００，０００，０００	資　本　金　　４３０，０００，０００
当　　座	１００，０００，０００	
（おえど銀行）		
建　　物	７０，０００，０００	
土　　地	１６０，０００，０００	
	４３０，０００，０００	４３０，０００，０００

※台場ホールディングスは生徒が担当する必要はありません。

浅草運送株式会社 （初期設定済み）

資	産	負債および資本
現　　金	２，０００，０００	資　本　金　　３２，５００，０００
当　　座	９，０００，０００	
（おえど銀行）		
車輌運搬具	１０，０００，０００	
備　　品	２，５００，０００	
土　　地	９，０００，０００	
	３２，５００，０００	３２，５００，０００

大阪市場

なにわ銀行株式会社（初期設定済み）

資		産	負債および資本		
現	金	999,950,000	資 本 金		999,950,000
		999,950,000			999,950,000

大阪総合商社（初期設定済み）

資		産	負債および資本		
現	金	50,000,000	資 本 金		838,000,000
当	座	500,000,000			
		（なにわ銀行）			
建	物	108,000,000			
土	地	180,000,000			
		838,000,000			838,000,000

堂島ホールディングス株式会社（初期設定済み）

資		産	負債および資本		
現	金	100,000,000	資 本 金		430,000,000
当	座	100,000,000			
		（なにわ銀行）			
建	物	70,000,000			
土	地	160,000,000			
		430,000,000			430,000,000

※堂島ホールディングスは生徒が担当する必要はありません。

淀川運送株式会社（初期設定済み）

資		産	負債および資本		
現	金	1,500,000	資 本 金		32,500,000
当	座	9,500,000			
		（なにわ銀行）			
車輌運搬具		10,000,000			
備	品	2,500,000			
土	地	9,000,000			
		32,500,000			32,500,000

5. 取引例題①：模擬取引演習

東京第ｎ商事【総務・経理業務】

［東京市場］

4月1日　社員台帳の整備を行う。

社員を3名登録する。（P.88参照・金額のみ）

入力内容を下の表に記入する。

・社員台帳の登録 　社長室・総務部 　⇒ 　照会・管理 　社員台帳

【社員台帳記入表】

社員番号	氏名	生年月日
1		
郵便番号	住所	
電話番号	役職	入社年月日

社員番号	氏名	生年月日
2		
郵便番号	住所	
電話番号	役職	入社年月日

社員番号	氏名	生年月日
3		
郵便番号	住所	
電話番号	役職	入社年月日

4月1日　会社の取引を開始するにあたり繰越商品の棚卸（帳簿・実地）を行う。

ノートパソコン　350台（@92,400）、エスプレッソマシーン　300台（@6,600）

・伝票入力（振替伝票） 　（借）期首商品棚卸高　34,320,000 　（貸）繰越商品　34,320,000

・帳簿入力（総勘定元帳）

102

［大阪市場］

4月1日　社員台帳の整備を行う。

　　　　　　社員を3名登録する。（P.88 参照・金額のみ）

　　　　　　入力内容を下の表に記入する。

　　　　　・社員台帳の登録　| 社長室・総務部 |　⇒　| 照会・管理 | 社員台帳 |

【社員台帳記入表】

社員番号	氏名	生年月日
1		
郵便番号	住所	
電話番号	役職	入社年月日

社員番号	氏名	生年月日
2		
郵便番号	住所	
電話番号	役職	入社年月日

社員番号	氏名	生年月日
3		
郵便番号	住所	
電話番号	役職	入社年月日

4月1日　会社の取引を開始するにあたり繰越商品の棚卸（帳簿・実地）を行う。

　　　　　　電子レンジ　700台（@52,800）、全自動たこ焼き機　300台（@6,600）

　　　　　・伝票入力（振替伝票）　（借)期首商品棚卸高　38,940,000　（貸)繰越商品　38,940,000

　　　　　・帳簿入力（総勘定元帳）

［東京市場］

4月2日　84円の郵便切手30枚と、63円の官製はがき20枚を新宿郵便局（東京総合商社内）で購入
し、代金は現金で支払った。

・（金庫・出金）　経理部　⇒　経理課　金庫　出金

・伝票入力（出金伝票）　　　（借）通信費　　　3,780　　　（貸）現金　　　3,780

・（総勘定元帳、補助簿入力）

4月3日　東京日報（東京総合商社内）に新聞広告を依頼し、広告原稿と共に広告料¥59,400を
小切手で支払った。

・小切手の振出　経理部　⇒　経理課　小切手　振出

NO：代表者の学生番号（4桁）＋2桁の数字（01～50の連番）

金額：¥59,400、振出日：令和〇年4月3日、支払場所：おえど銀行、振出先：東京総合商社

・伝票入力（振替伝票）　　　（借）広告費　　　59,400　　　（貸）当座預金　59,400

・（総勘定元帳、補助簿入力）

4月4日　コピー用紙、プリンタ用紙、ファイル、筆記用具などの消耗品を浅草文具（東京総合商社
内）よりセットで¥33,000分購入し、代金は月末に支払う事にした。

（消耗品費・未払費用勘定を用いる）

・伝票入力（振替伝票）　　　（借）消耗品費　33,000　　　（貸）未払費用　33,000

・（総勘定元帳）

4月5日　通信会社（東京総合商社内）から携帯電話10台（@9,900）を購入する。
支払方法は手形。手形の支払期日は、5月末日とする。
携帯電話は営業で使用するが、10万円未満の金額なので消耗品として処理する。

・約束手形の振出　経理部　⇒　経理課　約束手形

NO：代表者の学生番号（4桁）＋2桁の数字（01～50の連番）

受取人：東京総合商社　金額：¥99,000

振出日：令和〇年4月5日、支払期日：令和〇年5月31日、支払場所：おえど銀行

・伝票入力（振替伝票）　　　（借）消耗品費　99,000　　　（貸）支払手形　99,000

・（総勘定元帳、補助簿入力）

4月11日　浅草運送に運送を依頼した「ノートパソコン」210台（@115,500）に対して保険契約を
申し込んだ。料金は現金で支払った。

参考：自動車便料率表（その1）　関東から近畿　1.3（保険金額100円につき、単位　銭）

また、運送費請求書が送られて来るので確認する（支払は28日に行う）。

・（金庫・出金）　経理部　⇒　経理課　金庫　出金

・伝票入力（出金伝票）　　　（借）保険料　　　3,153　　　（貸）現金　　　3,153

・（総勘定元帳、補助簿入力）

・運送費請求書の確認　受発信文書

［大阪市場］

4 月 2 日　84 円の郵便切手 30 枚と、63 円の官製はがき 20 枚を難波郵便局（大阪総合商社内）で購入
　　　　　し、代金は現金で支払った。
　　　　　・（金庫・出金）　経理部　⇒　経理課　金庫　出金
　　　　　・伝票入力（出金伝票）　　　　（借）通信費　　　3,780　　　（貸）現金　　　3,780
　　　　　・（総勘定元帳、補助簿入力）

4 月 3 日　阪神日報（大阪総合商社内）に新聞広告を依頼し、広告原稿と共に広告料¥59,400 を
　　　　　小切手で支払った。
　　　　　・小切手の振出　経理部　⇒　経理課　小切手　振出
　　　　　NO：代表者の学生番号（4 桁）＋2 桁の数字（01～50 の連番）
　　　　　金額：¥59,400、振出日：令和〇年 4 月 3 日、支払場所：なにわ銀行、振出先：大阪総合商社
　　　　　・伝票入力（振替伝票）　　　　（借）広告費　　　59,400　　　（貸）当座預金　59,400
　　　　　・（総勘定元帳、補助簿入力）

4 月 4 日　コピー用紙、プリンタ用紙、ファイル、筆記用具などの消耗品を鶴橋文具（大阪総合商社
　　　　　内）よりセットで¥33,000 分購入し、代金は月末に支払う事にした。
　　　　　（消耗品費・未払費用勘定を用いる）
　　　　　・伝票入力（振替伝票）　　　　（借）消耗品費　33,000　　　（貸）未払費用　33,000
　　　　　・（総勘定元帳）

4 月 5 日　通信会社（大阪総合商社内）から携帯電話 10 台(@9,900)を購入する。
　　　　　支払方法は手形。手形の支払期日は、5 月末日とする。
　　　　　携帯電話は営業で使用するが、10 万円未満の金額なので消耗品として処理する。
　　　　　・約束手形の振出　経理部　⇒　経理課　約束手形
　　　　　NO：代表者の学生番号（4 桁）＋2 桁の数字（01～50 の連番）
　　　　　受取人：大阪総合商社　金額：¥99,000
　　　　　振出日：令和〇年 4 月 5 日、支払期日：令和〇年 5 月 31 日、支払場所：なにわ銀行
　　　　　・伝票入力（振替伝票）　　　　（借）消耗品費　99,000　　　（貸）支払手形　99,000
　　　　　・（総勘定元帳、補助簿入力）

4 月 11 日　淀川運送に運送を依頼した「電子レンジ」490 台 (@66,000)に対して保険契約を申し込ん
　　　　　だ。料金は現金で支払った。
　　　　　参考：自動車便料率表(その 1)　近畿から関東　1.3 （保険金額 100 円につき、単位　銭）
　　　　　また、運送費請求書が送られて来るので確認する（支払は 28 日に行う）。
　　　　　・（金庫・出金）　経理部　⇒　経理課　金庫　出金
　　　　　・伝票入力（出金伝票）　　　　（借）保険料　　　4,204　　　（貸）現金　　　　4,204
　　　　　・（総勘定元帳、補助簿入力）
　　　　　・運送費請求書の確認　受発信文書

［東京市場］

4月13日　自社倉庫と大阪第ｎ商事より仕入れた商品に対して浅草運送と火災保険契約を
　　　　結び、倉庫１年分と商品１ヶ月分の保険料を自己振出小切手で振込んだ。
　　　　［倉庫］東京１等地、鉄骨コンクリート造り防火設備あり１級、保険金額¥100,000,000
　　　　［商品］普通品、１級、¥32,340,000
　　　　［保険料］建物　¥1,000につき¥0.56（年）　／　商品　¥1,000につき¥0.015（月）
　　　　振込金額は振込手数料¥770を差引いた金額（¥55,715）。
　　　　・小切手の作成　経理部　⇒　経理課　小切手
　　　　NO：代表者の学生番号（4桁）＋2桁の数字（01〜50の連番）
　　　　金額:¥56,485、振出日:令和○年4月13日、支払場所:おえど銀行、振出先:自己
　　　　・保険料の振込　経理部　⇒　銀行オンライン窓口　振込
　　　　口座:当座、振込先口座:浅草運送　おえど銀行、小切手:作成した小切手指定
　　　　・伝票入力（振替伝票）　　　（借）保険料　56,000（建物分）　　　（貸）当座預金　56,485
　　　　　　　　　　　　　　　　　　（借）保険料　　　485（商品分）
　　　　・（総勘定元帳、補助簿入力）

4月15日　浅草運送に依頼した「電子レンジ」460台分の運送費請求書が届いたので確認する。
　　　　運送費の支払いは28日にまとめて行う。
　　　　・運送費請求書の確認　受発信文書

4月16日　東京総合商社より「電子レンジ」460台分（@74,800）の代金を現金で受け取った。
　　　　領収書の収入印紙¥10,000を新宿郵便局（東京総合商社内）で購入し代金は小切手で
　　　　支払った。領収書を作成し東京総合商社へ手渡した。
　　　　・（金庫・入金）　経理部　⇒　経理課　金庫　入金
　　　　・伝票入力（入金伝票）　　　（借）現金　　　34,408,000　　　（貸）売掛金　34,408,000
　　　　・領収書の発行　経理部　⇒　経理課　領収書
　　　　・小切手の振出　経理部　⇒　経理課　小切手　振出
　　　　NO：代表者の学生番号（4桁）＋2桁の数字（01〜50の連番）
　　　　金額:¥10,000、振出日:令和○年4月16日、支払場所:おえど銀行、
　　　　振出先:東京総合商社
　　　　・伝票入力（振替伝票）　　　（借）租税公課　　10,000　　　（貸）当座預金　10,000
　　　　・（総勘定元帳、補助簿入力）

［大阪市場］

4月13日　自社倉庫と東京第ｎ商事より仕入れた商品に対して淀川運送と火災保険契約を
　　　　結び、倉庫1年分と商品1ヶ月分の保険料を自己振出小切手で振込んだ。
　　　　［倉庫］大阪2等地、鉄骨コンクリート造り防火設備あり2級、保険金額¥50,000,000
　　　　［商品］普通品、1級、¥24,255,000
　　　　［保険料］建物　¥1,000につき¥1.35（年）　／　商品　¥1,000につき¥0.031（月）
　　　　振込金額は振込手数料¥770を差引いた金額（¥67,481）。
　　　　・小切手の作成　経理部　⇒　経理課　小切手
　　　　NO：代表者の学生番号(4桁)＋2桁の数字(01～50の連番)
　　　　金額：¥68,251、振出日：令和〇年4月13日、支払場所：なにわ銀行、振出先：自己
　　　　・保険料の振込　経理部　⇒　銀行オンライン窓口　振込
　　　　口座：当座、振込先口座：淀川運送　なにわ銀行、小切手：作成した小切手指定
　　　　・伝票入力（振替伝票）　　（借）保険料　67,500（建物分）　　（貸）当座預金　68,251
　　　　　　　　　　　　　　　　（借）保険料　　　751（商品分）
　　　　・（総勘定元帳、補助簿入力）

4月15日　淀川運送に依頼した「ノートパソコン」205台分の運送費請求書が届いたので確認する。
　　　　運送費の支払いは28日にまとめて行う。
　　　　・運送費請求書の確認　受発信文書

4月16日　大阪総合商社より「ノートパソコン」205台分（@130,900）の代金を現金で受け取った。
　　　　領収書の収入印紙¥6,000を難波郵便局（大阪総合商社内）で購入し代金は小切手で
　　　　支払った。領収書を作成し大阪総合商社へ手渡した。
　　　　・（金庫・入金）　経理部　⇒　経理課　金庫　入金
　　　　・伝票入力（入金伝票）　　（借）現金　26,834,500　　（貸）売掛金　26,834,500
　　　　・領収書の発行　経理部　⇒　経理課　領収書
　　　　・小切手の振出　経理部　⇒　経理課　小切手　振出
　　　　NO：代表者の学生番号(4桁)＋2桁の数字(01～50の連番)
　　　　金額：¥6,000、振出日：令和〇年4月16日、支払場所：なにわ銀行、
　　　　振出先：大阪総合商社
　　　　・伝票入力（振替伝票）　　（借）租税公課　　6,000　　（貸）当座預金　　6,000
　　　　・（総勘定元帳、補助簿入力）

［東京市場］

4月17日　東京第ｎ商事は大阪第ｎ商事から購入した商品（電子レンジ 490 台）の買掛金、
　　　　　¥32,340,000 の一部¥7,150,000 を取引銀行のおえど銀行から小切手で振り込んだ。
　　　　　振込金額は振込手数料¥770 を差引いた金額（¥7,149,230）。
　　　　・小切手の作成　経理部　⇒　経理課　小切手
　　　　NO：代表者の学生番号(4桁)＋2桁の数字(01～50 の連番)
　　　　金額：¥7,150,000、振出日：令和○年 4 月 17 日、支払場所：おえど銀行
　　　　・小切手の振込　経理部　⇒　銀行オンライン窓口　振込
　　　　口座：当座、振込先口座：大阪第ｎ商事 なにわ銀行、小切手：作成した小切手指定
　　　　・伝票入力（振替伝票）　　（借）買掛金　　7,150,000　　（貸）当座預金　7,150,000
　　　　・（総勘定元帳、補助簿入力）

4月18日　大阪第ｎ商事から商品販売（ノートパソコン 210 台）の売掛金の一部¥6,600,000 が
　　　　　振り込まれたので確認し、ただちに領収書を送付した。
　　　　　（入金額¥6,599,230　差額の¥770 は支払手数料）。
　　　　　なお、収入印紙¥2,000 を新宿郵便局（東京総合商社内）で購入し、代金は現金で支払った。
　　　　・口座残高の確認　経理部　⇒　銀行オンライン窓口　預金通帳
　　　　・伝票入力（振替伝票）　　（借）当座預金　6,599,230　　（貸）売掛金　　6,600,000
　　　　　　　　　　　　　　　　　（借）支払手数料　　　 770
　　　　・領収書の発行　経理部　⇒　経理課　領収書
　　　　・（金庫・出金）　経理部　⇒　経理課　金庫　出金
　　　　・伝票入力（出金伝票）　　（借）租税公課　　　 2,000　　（貸）現金　　　　　 2,000
　　　　・（総勘定元帳、補助簿入力）

4月22日　浅草運送に依頼した「電子レンジ」20 台分の運送費請求書が届いたので確認する。
　　　　　運送費の支払いは 28 日にまとめて行う。
　　　　・運送費請求書の確認　受発信文書

4月25日　4月分給料と光熱費等の支払い分の小切手を東京サービス代行（東京総合商社内）に
　　　　　振り出した。（¥1,177,133）
　　　　内訳：給料 ¥1,503,000　　通信費 ¥22,088　　水道光熱費 ¥12,166
　　　　・給与台帳の登録　経理部　⇒　経理課　給与台帳　給与明細追加（P.88 参照・3名分）
　　　　1人目　支給年月日：4/25　基本給：800,000
　　　　　　　　健康保険：46,057　厚生年金：56,730　所得税：45,340　住民税：67,000
　　　　2人目　支給年月日：4/25　基本給：375,000　職務手当：25,000　通勤手当：33,000
　　　　　　　　扶養家族手当：15,000　健康保険：21,714　厚生年金：40,260
　　　　　　　　雇用保険：1,344　所得税：7,210　住民税：25,000
　　　　3人目　支給年月日：4/25　基本給：230,000　通勤手当：25,000
　　　　　　　　健康保険：12,831　厚生年金：23,790　雇用保険：765　所得税：4,480
　　　　　　　　住民税：7,600

［大阪市場］

4月17日　大阪第 n 商事は東京第 n 商事から購入した商品（ノートパソコン 210 台）の買掛金、
　　　　　¥24,255,000 の一部¥6,600,000 を取引銀行のなにわ銀行から小切手で振り込んだ。
　　　　　振込金額は振込手数料¥770 を差引いた金額（¥6,599,230）。
　　　　　・小切手の作成　経理部　⇒　経理課　小切手
　　　　　NO：代表者の学生番号(4 桁)＋2 桁の数字(01〜50 の連番)
　　　　　金額：¥6,600,000、振出日：令和○年 4 月 17 日、支払場所：なにわ銀行
　　　　　・小切手の振込　経理部　⇒　銀行オンライン窓口　振込
　　　　　口座：当座、振込先口座：東京第 n 商事　おえど銀行、小切手：作成した小切手指定
　　　　　・伝票入力（振替伝票）　　　（借）買掛金　　6,600,000　　　（貸）当座預金　6,600,000
　　　　　・（総勘定元帳、補助簿入力）

4月18日　東京第 n 商事から商品販売（電子レンジ 490 台）の売掛金の一部¥7,150,000 が
　　　　　振り込まれたので確認し、ただちに領収書を送付した。
　　　　　　（入金額¥7,149,230　差額の¥770 は支払手数料）。
　　　　　なお、収入印紙¥2,000 を難波郵便局（大阪総合商社内）で購入し、代金は現金で支払った。
　　　　　・口座残高の確認　経理部　⇒　銀行オンライン窓口　預金通帳
　　　　　・伝票入力（振替伝票）　　　（借）当座預金　7,149,230　　　（貸）売掛金　　　　7,150,000
　　　　　　　　　　　　　　　　　　　（借）支払手数料　　770
　　　　　・領収書の発行　経理部　⇒　経理課　領収書
　　　　　・（金庫・出金）　経理部　⇒　経理課　金庫　出金
　　　　　・伝票入力（出金伝票）　　　（借）租税公課　　2,000　　　（貸）現金　　　　　2,000
　　　　　・（総勘定元帳、補助簿入力）

4月22日　淀川運送に依頼した「ノートパソコン」3 台分の運送費請求書が届いたので確認する。
　　　　　運送費の支払いは 28 日にまとめて行う。
　　　　　・運送費請求書の確認　受発信文書

4月25日　4 月分給料と光熱費等の支払い分の小切手を大阪サービス代行（大阪総合商社内）に
　　　　　振り出した。（¥1,177,133）
　　　　　内訳：給料 ¥1,503,000　　通信費 ¥22,088　　水道光熱費 ¥12,166
　　　　　・給与台帳の登録　経理部　⇒　経理課　給与台帳　給与明細追加（P.88 参照・3 名分）
　　　　　1 人目　支給年月日：4/25　基本給：800,000
　　　　　　　　　健康保険：46,057　厚生年金：56,730　所得税：45,340　住民税：67,000
　　　　　2 人目　支給年月日：4/25　基本給：375,000　職務手当：25,000　通勤手当：33,000
　　　　　　　　　扶養家族手当：15,000　健康保険：21,714　厚生年金：40,260
　　　　　　　　　雇用保険：1,344　所得税：7,210　住民税：25,000
　　　　　3 人目　支給年月日：4/25　基本給：230,000　通勤手当：25,000
　　　　　　　　　健康保険：12,831　厚生年金：23,790　雇用保険：765　所得税：4,480
　　　　　　　　　住民税：7,600

［東京市場］

4月25日　・小切手の振出　経理部　⇒　経理課　小切手　振出
　　　　　NO：代表者の学生番号(4 桁)＋2 桁の数字(01～50 の連番)
　　　　　金額:¥1,177,133、振出日:令和○年 4 月 25 日、支払場所:おえど銀行
　　　　　振出先:東京総合商社

・伝票入力（振替伝票）	（借）給料	1,503,000	（貸）当座預金	1,142,879
			（貸）所得税預り金	57,030
			（貸）社会保険預り金	203,491
			（貸）市町村民税預り金	99,600
・伝票入力（振替伝票）	（借）通信費	22,088	（貸）当座預金	34,254
	（借）水道光熱費	12,166		

　　　　　・（総勘定元帳、補助簿入力）

4月25日　4 月 4 日に購入した消耗品の未払額¥33,000 を浅草文具（東京総合商社内）に小切手を
　　　　　切って振り出した。
　　　　　・小切手の振出　経理部　⇒　経理課　小切手　振出
　　　　　NO：代表者の学生番号(4 桁)＋2 桁の数字(01～50 の連番)
　　　　　金額:¥33,000、振出日:令和○年 4 月 25 日、支払場所:おえど銀行
　　　　　振出先:東京総合商社
　　　　　・伝票入力（振替伝票）　　　（借）未払費用　33,000　　　（貸）当座預金　33,000
　　　　　・（総勘定元帳、補助簿入力）

4月28日　浅草運送からの請求書に基づいて小切手（¥273,900）を切って振り込んだ。
　　　　　振込金額は振込手数料¥770 を差引いた金額（¥273,130）。
　　　　　・運送費請求書の確認　受発信文書
　　　　　・小切手の作成　経理部　⇒　経理課　小切手
　　　　　NO：代表者の学生番号(4 桁)＋2 桁の数字(01～50 の連番)
　　　　　金額:¥273,900、振出日:令和○年 4 月 28 日、支払場所:おえど銀行
　　　　　・小切手の振込　経理部　⇒　銀行オンライン窓口　振込
　　　　　口座:当座、振込先口座:浅草運送　おえど銀行、小切手:作成した小切手指定
　　　　　・伝票入力（振替伝票）　　　（借）支払運賃　273,900　　　（貸）当座預金　273,900
　　　　　・（総勘定元帳、補助簿入力）

4月30日　合計残高試算表を確認、印刷して提出する。
　　　　　・損益計算書の確認　照会・集計　⇒　自動集計帳簿　合計残高試算表　印刷
　　　　　集計日：4/1～4/30

［大阪市場］

4月25日　・小切手の振出　 経理部 　⇒　 経理課 　 小切手 　 振出
　　　　NO：代表者の学生番号(4桁)＋2桁の数字(01～50の連番)
　　　　金額：¥1,177,133、振出日：令和○年4月25日、支払場所：なにわ銀行
　　　　振出先：大阪総合商社
　　　　・伝票入力（振替伝票）　　　（借）給料　　　1,503,000　　（貸）当座預金　　　1,142,879
　　　　　　　　　　　　　　　　　　　　　　　　　　　　　　　　　（貸）所得税預り金　　　 57,030
　　　　　　　　　　　　　　　　　　　　　　　　　　　　　　　　　（貸）社会保険預り金　 203,491
　　　　　　　　　　　　　　　　　　　　　　　　　　　　　　　　　（貸）市町村民税預り金 99,600
　　　　・伝票入力（振替伝票）　　　（借）通信費　　　22,088　　（貸）当座預金　　　 34,254
　　　　　　　　　　　　　　　　　　（借）水道光熱費　12,166
　　　　・（総勘定元帳、補助簿入力）

4月25日　4月4日に購入した消耗品の未払額¥33,000を鶴橋文具（大阪総合商社内）に小切手を
　　　　切って振り出した。
　　　　・小切手の振出　 経理部 　⇒　 経理課 　 小切手 　 振出
　　　　NO：代表者の学生番号(4桁)＋2桁の数字(01～50の連番)
　　　　金額：¥33,000、振出日：令和○年4月25日、支払場所：なにわ銀行
　　　　振出先：大阪総合商社
　　　　・伝票入力（振替伝票）　　　（借）未払費用　　33,000　　（貸）当座預金　　33,000
　　　　・（総勘定元帳、補助簿入力）

4月28日　淀川運送からの請求書に基づいて小切手（¥277,420）を切って振り込んだ。
　　　　振込金額は振込手数料¥770を差引いた金額（¥276,650）。
　　　　・運送費請求書の確認　 受発信文書
　　　　・小切手の作成　 経理部 　⇒　 経理課 　 小切手
　　　　NO：代表者の学生番号(4桁)＋2桁の数字(01～50の連番)
　　　　金額：¥277,420、振出日：令和○年4月28日、支払場所：なにわ銀行
　　　　・小切手の振込　 経理部 　⇒　 銀行オンライン窓口 　 振込
　　　　口座：当座、振込先口座：淀川運送　なにわ銀行、小切手：作成した小切手指定
　　　　・伝票入力（振替伝票）　　　（借）支払運賃　277,420　　（貸）当座預金　277,420
　　　　・（総勘定元帳、補助簿入力）

4月30日　合計残高試算表を確認、印刷して提出する。
　　　　・損益計算書の確認　 照会・集計 　⇒　 自動集計帳簿 　 合計残高試算表 　 印刷
　　　　集計日：4/1～4/30

［東京市場］

4月6日　販売部は大阪第 n 商事へ「ノートパソコン」販売のための取引申込状をメールで送る。

　　・メール作成　受発信文書　⇒　メール作成

　　宛先：大阪第 n 商事　作成日：4/6

　　件名例：取引依頼

　　文例：大阪第 n 商事　仕入部　○○　一郎　殿

　　貴社益々ご清栄のこととお慶び申し上げます。

　　さて、今般弊社では新製品「ノートパソコン」

　　を取り扱う事となりました。

　　つきましては、是非貴社でお取扱いただきますようお願い申し上げます。

　　令和 XX 年 4 月 6 日

　　東京第 n 商事　販売担当　△△　次郎

4月8日　大阪第 n 商事から「ノートパソコン」の商品について見積依頼書が送られてきたので、次の
　　見積書を作成し送付した。

　　［商品］ノートパソコン　210 台（単価：115,500、運送単価：550）

　　運送会社：浅草運送、支払方法：掛け

　　・見積書の作成　販売部　⇒　販売書類　見積書

　　先方書類一覧　⇒　4/7 に大阪第 n より届いた見積依頼書

4月10日　大阪第 n 商事から「ノートパソコン」の注文書が送られてきたので、注文請書を作成して
　　送付した。

　　［商品］ノートパソコン　210 台（単価：115,500、運送単価：550）

　　運送会社：浅草運送、支払方法：掛け

　　・注文請書の作成　販売部　⇒　販売書類　注文請書

　　先方書類一覧　⇒　4/9 に大阪第 n より届いた注文書

4月11日　浅草運送に「ノートパソコン」210 台を大阪第 n 商事宛てに自動車運送を依頼した。

　　運賃は 25 日締めで請求書がきてから月末に現金で支払う事にする。

　　大阪第 n 商事へは同時に納品請求書を送付し売上計上処理を行った。

　　［商品］ノートパソコン　210 台（単価：115,500、運送単価：550）

　　運送会社：浅草運送、支払方法：掛け、払出単価：92,400

　　・納品請求書の作成　販売部　⇒　販売書類　納品請求書

　　先方書類一覧　⇒　4/10 に注文請書を大阪第 n へ送信した注文書

　　・売上出庫　販売部　⇒　倉庫課　売上出庫

　　注文請書から出庫　⇒　4/10 に大阪第 n へ送信した注文請書

　　・伝票入力（売上伝票）　　　（借）売掛金　24,255,000　　　（貸）売上　24,255,000

　　・（総勘定元帳、補助簿入力）

［大阪市場］

4月6日　販売部は東京第ｎ商事へ「電子レンジ」販売のための取引申込状をメールで送る。

・メール作成　受発信文書　⇒　メール作成

宛先：東京第ｎ商事　作成日：4/6

件名例：取引依頼

文例：東京第ｎ商事　仕入部　○○　一郎　殿

貴社益々ご清栄のこととお慶び申し上げます。

さて、今般弊社では新製品「電子レンジ」

を取り扱う事となりました。

つきましては、是非貴社でお取扱いただきますようお願い申し上げます。

令和 XX 年 4 月 6 日

大阪第ｎ商事　販売担当　△△　次郎

4月8日　東京第ｎ商事から「電子レンジ」の商品について見積依頼書が送られてきたので、次の
　　　　　見積書を作成し送付した。

　　　　　［商品］電子レンジ　490 台（単価：66,000、運送単価：286）

　　　　　運送会社：淀川運送、支払方法：掛け

・見積書の作成　販売部　⇒　販売書類　見積書

先方書類一覧　⇒　4/7 に東京第ｎより届いた見積依頼書

4月10日　東京第ｎ商事から「電子レンジ」の注文書が送られてきたので、注文請書を作成して
　　　　　送付した。

　　　　　［商品］電子レンジ　490 台（単価：66,000、運送単価：286）

　　　　　運送会社：淀川運送、支払方法：掛け

・注文請書の作成　販売部　⇒　販売書類　注文請書

先方書類一覧　⇒　4/9 に東京第ｎより届いた注文書

4月11日　淀川運送に「電子レンジ」490 台を東京第ｎ商事宛てに自動車運送を依頼した。

　　　　　運賃は 25 日締めで請求書がきてから月末に現金で支払う事にする。

　　　　　東京第ｎ商事へは同時に納品請求書を送付し売上計上処理を行った。

　　　　　［商品］電子レンジ　490 台（単価：66,000、運送単価：286）

　　　　　運送会社：淀川運送、支払方法：掛け、払出単価：52,800

・納品請求書の作成　販売部　⇒　販売書類　納品請求書

先方書類一覧　⇒　4/10 に注文請書を東京第ｎへ送信した注文書

・売上出庫　販売部　⇒　倉庫課　売上出庫

注文請書から出庫　⇒　4/10 に東京第ｎへ送信した注文請書

・伝票入力（売上伝票）　　　（借）売掛金　32,340,000　　　（貸）売上　32,340,000

・（総勘定元帳、補助簿入力）

［東京市場］

4月13日　大阪第ｎ商事からの物品受領書を確認した。

　　　　・物品受領書の確認　 受発信文書

4月15日　東京総合商社から「電子レンジ」の注文がFAXで届いた。

　　　　「電子レンジ」460台を、@74,800で販売し、納品請求書を送付した。

　　　　［商品］電子レンジ　460台（単価：74,800、運送単価：330）

　　　　納入期日：4/16、運送会社：浅草運送、納入場所：買主店頭、運賃諸掛：売主負担

　　　　支払方法：掛け、払出単価：66,000

　　　　・売上出庫　 販売部 　⇒　 倉庫課 　 売上出庫

　　　　・管理部宛納品請求書の作成　 販売部 　⇒　 管理部宛納品請求書

　　　　・伝票入力（売上伝票）　 （借）売掛金　34,408,000　　 （貸）売上　34,408,000

　　　　・（総勘定元帳、補助簿入力）

4月22日　東京第ｎ商事は注文の追加をFAXで受け、「電子レンジ」20台（@74,800）を東京総合商社
　　　　に売り渡す。

　　　　［商品］電子レンジ　20台（単価：74,800、運送単価：330）

　　　　納入期日：4/23、運送会社：浅草運送、納入場所：買主店頭、運賃諸掛：売主負担

　　　　支払方法：掛け、払出単価：66,000

　　　　・売上出庫　 販売部 　⇒　 倉庫課 　 売上出庫

　　　　・管理部宛納品請求書の作成　 販売部 　⇒　 管理部宛納品請求書

　　　　・伝票入力（売上伝票）　 （借）売掛金　1,496,000　　 （貸）売上　1,496,000

　　　　・（総勘定元帳、補助簿入力）

［大阪市場］

4 月 13 日　東京第 n 商事からの物品受領書を確認した。

・物品受領書の確認　　受発信文書

4 月 15 日　大阪総合商社から「ノートパソコン」の注文が FAX で届いた。

「ノートパソコン」205 台を、@130,900 で販売し、納品請求書を送付した。

［商品］ノートパソコン　205 台（単価：130,900、運送単価：660）

納入期日：4/16、運送会社：淀川運送、納入場所：買主店頭、運賃諸掛：売主負担

支払方法：掛け、払出単価：115,500

```
No.200415-01                注 文 書          令和○○年4月15日

大阪第 n 商事株式会社    御中
下記のとおり注文致します。
                                 〒111-9999
納 入 期 日：令和○○年4月16日        大阪市中央区本町2-2-2
納 入 場 所：買主店頭                 大阪総合商社株式会社
御支払条件：掛け                         仕入部　　○○次郎
御社見積番号：                          TEL 06-4444-5555

合 計 金 額              ¥26,834,500
上記の金額には消費税が含まれています
         品　　名        数量    単価      金    額
1 ノートパソコン           205   130,900   26,834,500
         合 計 金 額                      26,834,500
         総 合 計                         26,834,500
         ―以下余白―
```

・売上出庫　　販売部　　⇒　　倉庫課　　売上出庫

・管理部宛納品請求書の作成　　販売部　　⇒　　管理部宛納品請求書

・伝票入力（売上伝票）　　（借）売掛金　26,834,500　　（貸）売上　26,834,500

・（総勘定元帳、補助簿入力）

4 月 22 日　大阪第 n 商事は注文の追加を FAX で受け、「ノートパソコン」3 台（@130,900）を
大阪総合商社に売り渡す。

［商品］ノートパソコン　3 台（単価：130,900、運送単価：660）

納入期日：4/23、運送会社：淀川運送、納入場所：買主店頭、運賃諸掛：売主負担

支払方法：掛け、払出単価：115,500

```
No.200422-01                注 文 書          令和○○年4月22日

大阪第 n 商事株式会社    御中
下記のとおり注文致します。
                                 〒111-9999
納 入 期 日：令和○○年4月23日        大阪市中央区本町2-2-2
納 入 場 所：買主店頭                 大阪総合商社株式会社
御支払条件：掛け                         仕入部　　○○次郎
御社見積番号：                          TEL 06-4444-5555

合 計 金 額                ¥392,700
上記の金額には消費税が含まれています
         品　　名        数量    単価      金    額
1 ノートパソコン            3    130,900     392,700
         合 計 金 額                         392,700
         総 合 計                            392,700
         ―以下余白―
```

・売上出庫　　販売部　　⇒　　倉庫課　　売上出庫

・管理部宛納品請求書の作成　　販売部　　⇒　　管理部宛納品請求書

・伝票入力（売上伝票）　　（借）売掛金　392,700　　（貸）売上　392,700

・（総勘定元帳、補助簿入力）

東京第ｎ商事【仕入業務】

［東京市場］

4月7日　大阪第ｎ商事の販売部から「電子レンジ」販売のため取引申込状が送られてきたので、メールを確認し、見積依頼書を送付した。

　　　　［商品］電子レンジ　490台

　　　　・見積依頼書の作成 仕入部 ⇒ 仕入書類 見積依頼書

　　　　処理日：4/7、取引先：大阪第ｎ商事、納入場所：買主店頭、運賃諸掛：売主負担、

　　　　支払方法：掛け、納入期日：4/15、商品名称：電子レンジ、数量：490

4月9日　大阪第ｎ商事から「電子レンジ」の見積書が送られてきたので、検討の結果、次の注文書を作成し、送付した。

　　　　［商品］電子レンジ　490台（単価：66,000）、運送会社：淀川運送

　　　　・注文書の作成 仕入部 ⇒ 仕入書類 注文書

　　　　先方書類一覧 ⇒ 4/8に大阪第ｎより届いた見積書

4月11日　大阪第ｎ商事からの注文請書を確認した。

　　　　・注文請書の確認 受発信文書

4月13日　大阪第ｎ商事に注文した「電子レンジ」が到着したので仕入計上処理を行い、物品受領書を作成し発信した。

　　　　・仕入入庫 仕入部 ⇒ 倉庫課 仕入入庫 4/11に大阪第ｎより届いた商品

　　　　取引先：大阪第ｎ商事、商品：電子レンジ、単価：¥66,000

　　　　・物品受領書の作成 仕入部 ⇒ 仕入書類 物品受領書

　　　　先方書類一覧 ⇒ 4/11に大阪第ｎより届いた納品請求書

　　　　・伝票入力（仕入伝票）　　（借）仕入　32,340,000　　（貸）買掛金　32,340,000

　　　　・（総勘定元帳、補助簿入力）

［大阪市場］

4月7日　東京第ｎ商事の販売部から「ノートパソコン」販売のため取引申込状が送られてきたので、
　　　　メールを確認し、見積依頼書を送付した。

　　　　　［商品］ノートパソコン　210台
　　　　　・見積依頼書の作成　仕入部　⇒　仕入書類　見積依頼書
　　　　　処理日：4/7、取引先：東京第ｎ商事、納入場所：買主店頭、運賃諸掛：売主負担、
　　　　　支払方法：掛け、納入期日：4/15、商品名称：ノートパソコン、数量：210

4月9日　東京第ｎ商事から「ノートパソコン」の見積書が送られてきたので、検討の結果、
　　　　次の注文書を作成し、送付した。

　　　　　［商品］ノートパソコン　210台（単価：115,500）、運送会社：浅草運送
　　　　　・注文書の作成　仕入部　⇒　仕入書類　注文書
　　　　　先方書類一覧　⇒　4/8に東京第ｎより届いた見積書

4月11日　東京第ｎ商事からの注文請書を確認した。
　　　　　・注文請書の確認　受発信文書

4月13日　東京第ｎ商事に注文した「ノートパソコン」が到着したので仕入計上処理を行い、
　　　　　物品受領書を作成し発信した。

　　　　　・仕入入庫　仕入部　⇒　倉庫課　仕入入庫　4/11に東京第ｎより届いた商品
　　　　　取引先：東京第ｎ商事、商品：ノートパソコン、単価：¥115,500
　　　　　・物品受領書の作成　仕入部　⇒　仕入書類　物品受領書
　　　　　先方書類一覧　⇒　4/11に東京第ｎより届いた納品請求書
　　　　　・伝票入力（仕入伝票）　　（借）仕入　24,255,000　　　（貸）買掛金　24,255,000
　　　　　・（総勘定元帳、補助簿入力）

東京総合商社（総合商社）

[東京市場] ※現金が不足した場合は、当座から引き出す。

4月2日　新宿郵便局（東京総合商社内）は、東京第n商事に郵便切手（その他の商品）30枚(@84)と
官製はがき（その他の商品）20枚(@63)を販売し、代金(¥3,780)を現金で受け取った。

- 伝票入力（売上伝票）　　　（借）売掛金　　3,780　　　（貸）売上　　3,780
- （総勘定元帳、補助簿入力）
- （金庫・入金）　経理部　⇒　金庫　入金
- 伝票入力（入金伝票）　　　（借）現金　　3,780　　　（貸）売掛金　　3,780
- （総勘定元帳、補助簿入力）

4月3日　東京日報（東京総合商社内）は、東京第n商事より広告費（その他の商品）として
小切手で(¥59,400)を受け取った。
おえど銀行で小切手入金の手続きを行う。

- 小切手入金依頼　経理部　⇒　銀行オンライン窓口　小切手入金
口座：当座、小切手：東京第nから届いた額面59,400の小切手、摘要：広告費
- 伝票入力（売上伝票）　　　（借）売掛金　　59,400　　　（貸）売上　　59,400
- 伝票入力（振替伝票）　　　（借）当座預金　59,400　　　（貸）売掛金　59,400
- （総勘定元帳、補助簿入力）

4月4日　浅草文具（東京総合商社内）は、東京第n商事に消耗品（その他の商品）を
掛け(¥33,000)で売り渡した。支払は月末に受け取る事にした。

- 伝票入力（売上伝票）　　　（借）売掛金　　33,000　　　（貸）売上　　33,000
- （総勘定元帳、補助簿入力）

4月5日　通信会社（東京総合商社内）は、東京第n商事より携帯電話代金（その他の商品）として
手形で(¥99,000)を受け取ったが期日がくるまで保管をしておく事にした。

- 受取手形の確認　経理部　⇒　経理課　約束手形
受取一覧　⇒　4/5に東京第nより届いた約束手形
- 伝票入力（売上伝票）　　　（借）売掛金　　99,000　　　（貸）売上　　99,000
- 伝票入力（振替伝票）　　　（借）受取手形　99,000　　　（貸）売掛金　99,000
- （総勘定元帳、補助簿入力）

4月15日　東京第n商事から「電子レンジ」460台と請求書が届いた。
（受発信文書にて管理部宛納品請求書を確認）

- 仕入入庫　仕入部　⇒　倉庫課　仕入入庫　4/15に東京第nより届いた商品
取引先：東京第n商事、商品：電子レンジ、単価：¥74,800
- 伝票入力（仕入伝票）　　　（借）仕入　34,408,000　　　（貸）買掛金　34,408,000
- （総勘定元帳、補助簿入力）

［大阪市場］　　※現金が不足した場合は、当座から引き出す。

4月2日　難波郵便局（大阪総合商社内）は、大阪第n商事に郵便切手（その他の商品）30枚(@84)と
　　　　　官製はがき（その他の商品）20枚(@63)を販売し、代金(¥3,780)を現金で受け取った。
　　　　　・伝票入力（売上伝票）　　　　（借）売掛金　　3,780　　　　（貸）売上　　　　3,780
　　　　　・（総勘定元帳、補助簿入力）
　　　　　・（金庫・入金）　経理部　⇒　金庫　入金
　　　　　・伝票入力（入金伝票）　　　　（借）現金　　3,780　　　　（貸）売掛金　　3,780
　　　　　・（総勘定元帳、補助簿入力）

4月3日　難波日報（大阪総合商社内）は、大阪第n商事より広告費（その他の商品）として
　　　　　小切手で(¥59,400)を受け取った。
　　　　　なにわ銀行で小切手入金の手続きを行う。
　　　　　・小切手入金依頼　経理部　⇒　銀行オンライン窓口　小切手入金
　　　　　口座：当座、小切手：大阪第nから届いた額面59,400の小切手、摘要：広告費
　　　　　・伝票入力（売上伝票）　　　　（借）売掛金　　59,400　　　　（貸）売上　　　　59,400
　　　　　・伝票入力（振替伝票）　　　　（借）当座預金　59,400　　　　（貸）売掛金　　59,400
　　　　　・（総勘定元帳、補助簿入力）

4月4日　鶴橋文具（大阪総合商社内）は、大阪第n商事に消耗品（その他の商品）を
　　　　　掛け(¥33,000)で売り渡した。支払は月末に受け取る事にした。
　　　　　・伝票入力（売上伝票）　　　　（借）売掛金　　33,000　　　　（貸）売上　　　　33,000
　　　　　・（総勘定元帳、補助簿入力）

4月5日　通信会社（大阪総合商社内）は、大阪第n商事より携帯電話代金（その他の商品）として
　　　　　手形で(¥99,000)を受け取ったが期日がくるまで保管をしておく事にした。
　　　　　・受取手形の確認　経理部　⇒　経理課　約束手形
　　　　　受取一覧　⇒　4/5に東京第nより届いた約束手形
　　　　　・伝票入力（売上伝票）　　　　（借）売掛金　　99,000　　　　（貸）売上　　　　99,000
　　　　　・伝票入力（振替伝票）　　　　（借）受取手形　99,000　　　　（貸）売掛金　　99,000
　　　　　・（総勘定元帳、補助簿入力）

4月15日　大阪第n商事から「ノートパソコン」205台と請求書が届いた。
　　　　　（受発信文書にて管理部宛納品請求書を確認）
　　　　　・仕入入庫　仕入部　⇒　倉庫課　仕入入庫　4/15に大阪第nより届いた商品
　　　　　取引先：大阪第n商事、商品：ノートパソコン、単価：¥130,900
　　　　　・伝票入力（仕入伝票）　　　　（借）仕入　26,834,500　　　　（貸）買掛金　26,834,500
　　　　　・（総勘定元帳、補助簿入力）

東京総合商社（総合商社）

［東京市場］

4月16日　東京第n商事から仕入れた「電子レンジ」460台の買掛金を現金で支払った。

- ・（金庫・出金）　経理部　⇒　金庫　出金
- ・伝票入力（出金伝票）　　　（借）買掛金　34,408,000　（貸）現金　34,408,000
- ・（総勘定元帳、補助簿入力）

4月16日　新宿郵便局（東京総合商社内）は、東京第n商事より収入印紙代（その他の商品）として小切手で(¥10,000)を受け取った、小切手入金の手続きを行う。

- ・小切手入金依頼　経理業務　⇒　銀行オンライン窓口　小切手入金

口座：当座、小切手：東京第nから届いた額面10,000の小切手、摘要：収入印紙代

- ・伝票入力（売上伝票）　　　（借）売掛金　　　10,000　（貸）売上　　　　10,000
- ・伝票入力（振替伝票）　　　（借）当座預金　　10,000　（貸）売掛金　　　10,000
- ・（総勘定元帳、補助簿入力）

4月18日　新宿郵便局（東京総合商社内）は、東京第n商事より収入印紙代（その他の商品）として現金で(¥2,000)を受け取った。

- ・伝票入力（売上伝票）　　　（借）売掛金　　　2,000　（貸）売上　　　　2,000
- ・（金庫・入金）　経理部　⇒　金庫　入金
- ・伝票入力（入金伝票）　　　（借）現金　　　　2,000　（貸）売掛金　　　2,000
- ・（総勘定元帳、補助簿入力）

4月20日　量販店大手の台場ホールディングスへ「電子レンジ」を売り渡す。

商品在庫のすべてを単価：82,280円（仕入値に約10％を上乗せ）で販売する。

- ・売上出庫　販売部　⇒　倉庫課　売上出庫

処理日：4/20、取引先：台場ホールディングス

商品名称：電子レンジ、数量：460、払出単価：74,800

- ・伝票入力（売上伝票）　　　（借）売掛金　37,848,800　（貸）売上　37,848,800
- ・（総勘定元帳、補助簿入力）

4月21日　量販店大手の台場ホールディングスから「電子レンジ」の代金を現金で受け取り当座預入を行う。

- ・領収書の発行　経理部　⇒　経理課　領収書

発行先：台場ホールディングス、日付：令和〇年4月21日、金額：37,848,800

- ・（金庫・入金）　経理部　⇒　金庫　入金
- ・伝票入力（入金伝票）　　　（借）現金　37,848,800　（貸）売掛金　37,848,800
- ・（金庫・出金）　経理部　⇒　金庫　出金
- ・当座預金預入　経理部　⇒　銀行オンライン窓口　預入

口座：当座、金額：37,848,800

- ・伝票入力（出金伝票）　　　（借）当座預金　37,848,800　（貸）現金　37,848,800
- ・（総勘定元帳、補助簿入力）

［大阪市場］

4月16日　大阪第n商事から仕入れた「ノートパソコン」205台の買掛金を現金で支払った。

・（金庫・出金）　経理部　⇒　金庫　出金

・伝票入力（出金伝票）　　　（借）買掛金　26,834,500　　（貸）現金　26,834,500

・（総勘定元帳、補助簿入力）

4月16日　難波郵便局（大阪総合商社内）は、大阪第n商事より収入印紙代（その他の商品）として
小切手で(¥6,000)を受け取った、小切手入金の手続きを行う。

・小切手入金依頼　経理業務　⇒　銀行オンライン窓口　小切手入金

口座：当座、小切手：大阪第nから届いた額面6,000の小切手、摘要：収入印紙代

・伝票入力（売上伝票）　　　（借）売掛金　　　　6,000　　（貸）売上　　　　6,000

・伝票入力（振替伝票）　　　（借）当座預金　　　6,000　　（貸）売掛金　　　6,000

・（総勘定元帳、補助簿入力）

4月18日　難波郵便局（大阪総合商社内）は、大阪第n商事より収入印紙代（その他の商品）として
現金で(¥2,000)を受け取った。

・伝票入力（売上伝票）　　　（借）売掛金　　　　2,000　　（貸）売上　　　　2,000

・（金庫・入金）　経理部　⇒　金庫　入金

・伝票入力（入金伝票）　　　（借）現金　　　　　2,000　　（貸）売掛金　　　2,000

・（総勘定元帳、補助簿入力）

4月20日　量販店大手の堂島ホールディングスへ「ノートパソコン」を売り渡す。
商品在庫のすべてを単価：143,990円（仕入値に約10％を上乗せ）で販売する。

・売上出庫　販売部　⇒　倉庫課　売上出庫

処理日：4/20、取引先：堂島ホールディングス

商品名称：ノートパソコン、数量：205、払出単価：130,900

・伝票入力（売上伝票）　　　（借）売掛金　29,517,950　　（貸）売上　29,517,950

・（総勘定元帳、補助簿入力）

4月21日　量販店大手の堂島ホールディングスから「ノートパソコン」の代金を現金で受け取り
当座預入を行う。

・領収書の発行　経理部　⇒　経理課　領収書

発行先：堂島ホールディングス、日付：令和〇年4月21日、金額：29,517,950

・（金庫・入金）　経理部　⇒　金庫　入金

・伝票入力（入金伝票）　　　（借）現金　29,517,950　　（貸）売掛金　29,517,950

・（金庫・出金）　経理部　⇒　金庫　出金

・当座預金預入　経理部　⇒　銀行オンライン窓口　預入

口座：当座、金額：29,517,950

・伝票入力（出金伝票）　　　（借）当座預金　29,517,950　　（貸）現金　29,517,950

・（総勘定元帳、補助簿入力）

東京総合商社（総合商社）

［東京市場］

4月22日　東京第n商事から追加注文分の「電子レンジ」20台と請求書が届いた。

　　　　　　（受発信文書にて管理部宛納品請求書を確認）

　　　　　　・仕入入庫　仕入部　⇒　倉庫課　仕入入庫　4/22に東京第nより届いた商品

　　　　　　取引先：東京第n商事、商品：電子レンジ、単価：¥74,800

　　　　　　・伝票入力（仕入伝票）　　　（借）仕入　　　1,496,000　　（貸）買掛金　　1,496,000

　　　　　　・（総勘定元帳、補助簿入力）

4月25日　東京サービス代行（東京総合商社内）は、東京第n商事より受け取った小切手

　　　　　　（¥1,177,133）をおえど銀行で小切手入金の手続きを行う。

　　　　　　東京第n商事4月分給料¥1,142,879の振り込みを行う。（振込先口座はその他を選択）

　　　　　　差額の¥34,254は通信費と水道光熱費分なので雑収入で処理しよう。

　　　　　　・小切手入金依頼　経理業務　⇒　銀行オンライン窓口　小切手入金

　　　　　　口座：当座、小切手：東京第nから届いた額面1,177,133の小切手、摘要：給料等

　　　　　　・伝票入力（振替伝票）　　　（借）当座預金　1,177,133　　（貸）仮受金　　1,177,133

　　　　　　・小切手の作成　経理部　⇒　経理課　小切手

　　　　　　NO：代表者の学生番号(4桁)＋2桁の数字(01～50の連番)

　　　　　　金額：:¥1,142,879、振出日：令和〇年4月25日、支払場所：おえど銀行

　　　　　　・小切手の振込　経理部　⇒　銀行オンライン窓口　振込

　　　　　　口座：当座、振込先口座：その他、小切手：作成した小切手指定

　　　　　　・伝票入力（振替伝票）　　　（借）仮受金　　1,142,879　　（貸）当座預金　1,142,879

　　　　　　・伝票入力（振替伝票）　　　（借）仮受金　　　34,254　　（貸）雑収入　　　34,254

　　　　　　・（総勘定元帳、補助簿入力）

4月28日　浅草文具（東京総合商社内）は、東京第n商事より消耗品代として受け取った4/25の

　　　　　　小切手(¥33,000)を、おえど銀行で小切手入金の手続きを行う。

　　　　　　・小切手入金依頼　経理業務　⇒　銀行オンライン窓口　小切手入金

　　　　　　口座：当座、小切手：東京第nから届いた額面33,000の小切手、摘要：消耗品代

　　　　　　・伝票入力（振替伝票）　　　（借）当座預金　　33,000　　（貸）売掛金　　　33,000

　　　　　　・（総勘定元帳、補助簿入力）

［大阪市場］

4月22日　大阪第n商事から追加注文分の「ノートパソコン」3台と請求書が届いた。

　　　　　　（受発信文書にて管理部宛納品請求書を確認）

　　　　　　・仕入入庫　仕入部　⇒　倉庫課　仕入入庫　4/22に大阪第nより届いた商品

　　　　　　取引先：大阪第n商事、商品：ノートパソコン、単価：¥130,900

　　　　　　・伝票入力（仕入伝票）　　　（借）仕入　　　392,700　　（貸）買掛金　　　392,700

　　　　　　・（総勘定元帳、補助簿入力）

4月25日　大阪サービス代行（大阪総合商社内）は、大阪第n商事より受け取った小切手

　　　　　　（¥1,177,133）をなにわ銀行で小切手入金の手続きを行う。

　　　　　　大阪第n商事4月分給料¥1,142,879の振り込みを行う。（振込先口座はその他を選択）

　　　　　　差額の¥34,254は通信費と水道光熱費分なので雑収入で処理しよう。

　　　　　　・小切手入金依頼　経理業務　⇒　銀行オンライン窓口　小切手入金

　　　　　　口座：当座、小切手：大阪第nから届いた額面1,177,133の小切手、摘要：給料等

　　　　　　・伝票入力（振替伝票）　　　（借）当座預金　1,177,133　　（貸）仮受金　　　1,177,133

　　　　　　・小切手の作成　経理部　⇒　経理課　小切手

　　　　　　NO：代表者の学生番号(4桁)＋2桁の数字(01〜50の連番)

　　　　　　金額：¥1,142,879、振出日：令和〇年4月25日、支払場所：なにわ銀行

　　　　　　・小切手の振込　経理部　⇒　銀行オンライン窓口　振込

　　　　　　口座：当座、振込先口座：その他、小切手：作成した小切手指定

　　　　　　・伝票入力（振替伝票）　　　（借）仮受金　　1,142,879　　（貸）当座預金　1,142,879

　　　　　　・伝票入力（振替伝票）　　　（借）仮受金　　　34,254　　（貸）雑収入　　　34,254

　　　　　　・（総勘定元帳、補助簿入力）

4月28日　鶴橋文具（大阪総合商社内）は、大阪第n商事より消耗品代として受け取った4/25の

　　　　　　小切手(¥33,000)を、なにわ銀行で小切手入金の手続きを行う。

　　　　　　・小切手入金依頼　経理業務　⇒　銀行オンライン窓口　小切手入金

　　　　　　口座：当座、小切手：大阪第nから届いた額面33,000の小切手、摘要：消耗品代

　　　　　　・伝票入力（振替伝票）　　　（借）当座預金　　33,000　　（貸）売掛金　　　33,000

　　　　　　・（総勘定元帳、補助簿入力）

おえど銀行（銀行）

4月3日　東京日報（東京総合商社内）からの小切手入金(¥59,400)受付処理を行う。
　　　　・小切手入金受付　窓口業務　⇒　受付処理　小切手入金
　　　　先方書類一覧　⇒　4/3 に東京総合商社より届いた依頼

4月13日　東京第n商事からの振込依頼受付処理を行う。
　　　　浅草運送-おえど銀行へ¥55,715 を振り込み、手数料（¥770）は当座から引き落とす。
　　　　・振込受付　窓口業務　⇒　受付処理　振込
　　　　先方書類一覧　⇒　4/13 に東京第nより届いた依頼

4月16日　新宿郵便局（東京総合商社内）からの小切手入金(¥10,000)受付処理を行う。
　　　　・小切手入金受付　窓口業務　⇒　受付処理　小切手入金
　　　　先方書類一覧　⇒　4/16 に東京総合商社より届いた依頼

4月17日　東京第n商事からの振込依頼受付処理を行う。
　　　　大阪第n-なにわ銀行へ¥7,149,230 を振り込み、手数料(¥770)は当座から引き落とす。
　　　　・振込受付　窓口業務　⇒　受付処理　振込
　　　　先方書類一覧　⇒　4/17 に東京第nより届いた依頼

4月21日　東京総合商社からの預入(¥37,848,800)受付処理を行う。
　　　　・預入受付　窓口業務　⇒　受付処理　預入
　　　　先方書類一覧　⇒　4/21 に東京総合商社より届いた依頼

4月25日　東京サービス代行（東京総合商社内）からの小切手入金(¥1,177,133)受付処理を行う。
　　　　・小切手入金受付　窓口業務　⇒　受付処理　小切手入金
　　　　先方書類一覧　⇒　4/25 に東京総合商社より届いた依頼

4月25日　東京サービス代行（東京総合商社内）からの振込依頼受付処理を行う。
　　　　その他へ¥1,142,109 を振り込み、手数料(¥770)は当座から引き落とす。
　　　　・振込受付　窓口業務　⇒　受付処理　振込
　　　　先方書類一覧　⇒　4/25 に東京総合商社より届いた依頼

4月28日　浅草文具（東京総合商社内）からの小切手入金(¥33,000)受付処理を行う。
　　　　・小切手入金受付　窓口業務　⇒　受付処理　小切手入金
　　　　先方書類一覧　⇒　4/28 に東京総合商社より届いた依頼

4月28日　東京第n商事からの振込依頼受付処理を行う。
　　　　浅草運送-おえど銀行の口座へ¥273,130 を振り込み、手数料(¥770)は当座から引き落とす。
　　　　・振込受付　窓口業務　⇒　受付処理　預入
　　　　先方書類一覧　⇒　4/28 に東京第nより届いた依頼

[大阪市場]　※窓口処理を自動処理に設定の場合は生徒が担当する必要はありません。

4月3日　阪神日報（大阪総合商社内）からの小切手入金(¥59,400)受付処理を行う。
　　　　・小切手入金受付　窓口業務　⇒　受付処理　小切手入金
　　　　先方書類一覧　⇒　4/3 に大阪総合商社より届いた依頼

4月13日　大阪第n商事からの振込依頼受付処理を行う。
　　　　淀川運送-なにわ銀行へ¥67,481 を振り込み、手数料（¥770）は当座から引き落とす。
　　　　・振込受付　窓口業務　⇒　受付処理　振込
　　　　先方書類一覧　⇒　4/13 に大阪第nより届いた依頼

4月16日　難波郵便局（大阪総合商社内）からの小切手入金(¥6,000)受付処理を行う。
　　　　・小切手入金受付　窓口業務　⇒　受付処理　小切手入金
　　　　先方書類一覧　⇒　4/16 に大阪総合商社より届いた依頼

4月17日　大阪第n商事からの振込依頼受付処理を行う。
　　　　東京第n-おおえど銀行へ¥6,599,230 を振り込み、手数料(¥770)は当座から引き落とす。
　　　　・振込受付　窓口業務　⇒　受付処理　振込
　　　　先方書類一覧　⇒　4/17 に大阪第nより届いた依頼

4月21日　大阪総合商社からの預入(¥29,517,950)受付処理を行う。
　　　　・預入受付　窓口業務　⇒　受付処理　預入
　　　　先方書類一覧　⇒　4/21 に大阪総合商社より届いた依頼

4月25日　大阪サービス代行（大阪総合商社内）からの小切手入金(¥1,177,133)受付処理を行う。
　　　　・小切手入金受付　窓口業務　⇒　受付処理　小切手入金
　　　　先方書類一覧　⇒　4/25 に大阪総合商社より届いた依頼

4月25日　大阪サービス代行（大阪総合商社内）からの振込依頼受付処理を行う。
　　　　その他へ¥1,142,109 を振り込み、手数料(¥770)は当座から引き落とす。
　　　　・振込受付　窓口業務　⇒　受付処理　振込
　　　　先方書類一覧　⇒　4/25 に大阪総合商社より届いた依頼

4月28日　鶴橋文具（大阪総合商社内）からの小切手入金(¥33,000)受付処理を行う。
　　　　・小切手入金受付　窓口業務　⇒　受付処理　小切手入金
　　　　先方書類一覧　⇒　4/28 に大阪総合商社より届いた依頼

4月28日　大阪第n商事からの振込依頼受付処理を行う。
　　　　淀川運送-なにわ銀行の口座へ¥276,650 を振り込み、手数料(¥770)は当座から引き落とす。
　　　　・振込受付　窓口業務　⇒　受付処理　預入
　　　　先方書類一覧　⇒　4/28 に大阪第nより届いた依頼

浅草運送（運輸・倉庫・保険）

［東京市場］

4月11日　東京第n商事の依頼により、商品を大阪第n商事に配送した。

　　　　　商品：ノートパソコン 210台（その他の商品）支払方法：掛け　運賃：@550　¥115,500

　　　　　・伝票入力（売上伝票）　　　（借）売掛金　115,500　　（貸）売上　　115,500

　　　　　・（総勘定元帳、補助簿入力）

4月11日　東京第n商事より発送品の保険料（その他の商品）を現金(¥3,153)で受け取った。

　　　　　・伝票入力（売上伝票）　　　（借）売掛金　　3,153　　（貸）売上　　3,153

　　　　　・（金庫・入金）　経理部　⇒　金庫　入金

　　　　　・伝票入力（入金伝票）　　　（借）現金　　　3,153　　（貸）売掛金　3,153

　　　　　・（総勘定元帳、補助簿入力）

4月11日　東京第n商事の依頼により発送した商品（ノートパソコン 210台　運賃単価：@550）
　　　　　の運送費請求書を東京第n商事宛に送った。

　　　　　・運送費請求書の発送　運輸・倉庫・保険業務　⇒　運送業務　運送費請求書

　　　　　請求先一覧　⇒　4/11に大阪第nへ配送した運送費

4月13日　東京第n商事より自社倉庫（1年分）と商品（1ヶ月分）に対して火災保険契約（その他の
　　　　　商品）の依頼があったので、契約を結んだ。

　　　　　［倉庫］東京1等地、鉄骨コンクリート造り防火設備あり1級、保険金額¥100,000,000

　　　　　［商品］普通品、1級、¥32,340,000

　　　　　［保険料］建物　¥1,000につき¥0.56（年）　／　商品　¥1,000につき¥0.015（月）

　　　　　・伝票入力（売上伝票）　　　（借）売掛金　56,000（建物）　　（貸）売上　　56,485

　　　　　　　　　　　　　　　　　　　（借）売掛金　　　485（商品）

　　　　　・（総勘定元帳、補助簿入力）

4月13日　東京第n商事から火災保険料代（その他の商品：¥56,485）の入金（¥55,715）があった。
　　　　　（差額の¥770は支払手数料）

　　　　　・入金の確認　経理部　⇒　銀行オンライン窓口　預金通帳

　　　　　・伝票入力（振替伝票）　　　（借）当座預金　55,715　　（貸）売掛金　　56,485

　　　　　　　　　　　　　　　　　　　（借）支払手数料　770

　　　　　・（総勘定元帳、補助簿入力）

4月15日　東京第n商事の依頼により、商品を東京総合商社に配送した。

　　　　　商品：電子レンジ 460台（その他の商品）支払方法：掛け　運賃：@330　¥151,800
　　　　　運送費請求書も送付した。

　　　　　・伝票入力（売上伝票）　　　（借）売掛金　151,800　　（貸）売上　　151,800

　　　　　・（総勘定元帳、補助簿入力）

　　　　　運送費請求書の発送　運輸・倉庫・保険業務　⇒　運送業務　運送費請求書

　　　　　請求先一覧　⇒　4/15に東京総合商社へ配送した運送費

［大阪市場］

4月11日　大阪第ｎ商事の依頼により、商品を東京第ｎ商事に配送した。

商品：電子レンジ 490 台（その他の商品）支払方法：掛け　運賃：@286　¥140,140

・伝票入力（売上伝票）　　　（借）売掛金　140,140　　（貸）売上　　140,140

・（総勘定元帳、補助簿入力）

4月11日　大阪第ｎ商事より発送品の保険料（その他の商品）を現金(¥4,204)で受け取った。

・伝票入力（売上伝票）　　　（借）売掛金　　4,204　　（貸）売上　　4,204

・（金庫・入金）　経理部　⇒　金庫　入金

・伝票入力（入金伝票）　　　（借）現金　　4,204　　（貸）売掛金　　4,204

・（総勘定元帳、補助簿入力）

4月11日　大阪第ｎ商事の依頼により発送した商品（電子レンジ 490 台　運賃単価：@286）
の運送費請求書を大阪第ｎ商事宛に送った。

・運送費請求書の発送　運輸・倉庫・保険業務　⇒　運送業務　運送費請求書

請求先一覧　⇒　4/11 に東京第ｎへ配送した運送費

4月13日　大阪第ｎ商事より自社倉庫（1 年分）と商品（1 ヶ月分）に対して火災保険契約（その他の
商品）の依頼があったので、契約を結んだ。

［倉庫］大阪 2 等地、鉄骨コンクリート造り防火設備あり 2 級、保険金額¥50,000,000

［商品］普通品、1 級、¥24,255,000

［保険料］建物　¥1,000 につき¥1.35（年）　／　商品　¥1,000 につき¥0.031（月）

・伝票入力（売上伝票）　　　（借）売掛金　67,500（建物）　（貸）売上　　68,251

　　　　　　　　　　　　　　（借）売掛金　　751（商品）

・（総勘定元帳、補助簿入力）

4月13日　大阪第ｎ商事から火災保険料代（その他の商品：¥68,251）の入金（¥67,481）があった。
（差額の¥770 は支払手数料）

・入金の確認　経理部　⇒　銀行オンライン窓口　預金通帳

・伝票入力（振替伝票）　　　（借）当座預金　67,481　　（貸）売掛金　68,251

　　　　　　　　　　　　　　（借）支払手数料　770

・（総勘定元帳、補助簿入力）

4月15日　大阪第ｎ商事の依頼により、商品を大阪総合商社に配送した。

商品：ノートパソコン 205 台（その他の商品）支払方法：掛け　運賃：@660　¥135,300
運送費請求書も送付した。

・伝票入力（売上伝票）　　　（借）売掛金　135,300　　（貸）売上　　135,300

・（総勘定元帳、補助簿入力）

運送費請求書の発送　運輸・倉庫・保険業務　⇒　運送業務　運送費請求書

請求先一覧　⇒　4/15 に大阪総合商社へ配送した運送費

浅草運送（運輸・倉庫・保険）

[東京市場]

4月22日　東京第ｎ商事の依頼により、商品を東京総合商社に配送した。

　　　　　商品：電子レンジ 20 台（その他の商品）支払方法：掛け　運賃：@330　¥6,600

　　　　　運送費請求書も送付した。

　　　　　・伝票入力（売上伝票）　　　　（借）売掛金　6,600　　（貸）売上　　6,600

　　　　　・（総勘定元帳、補助簿入力）

　　　　　運送費請求書の発送 運輸・倉庫・保険業務 ⇒ 運送業務 運送費請求書

　　　　　請求先一覧 ⇒ 4/22 に東京総合商社へ配送した運送費

4月28日　取引先からの入金を確認し伝票入力を行う。

　　　　　・入金の確認 経理部 ⇒ 銀行オンライン窓口 預金通帳

　　　　　・伝票入力（振替伝票）　　　（借）当座預金　　273,130　　（貸）売掛金　273,900

　　　　　　　　　　　　　　　　　　　（借）支払手数料　　　770

　　　　　・（総勘定元帳、補助簿入力）

　　　　　※請求金額と入金額が違う場合がある。

　　　　　これは相手が振り込む際に振込手数料を差し引いて振り込んだためである。

　　　　　経費として伝票に記入する際には（借）支払手数料勘定を使用する。

　　　　　例（借）当座預金　　　35,980　　（貸）売上　　36,750

　　　　　　　（借）支払手数料　　　770

［大阪市場］

4月22日　大阪第n商事の依頼により、商品を大阪総合商社に配送した。

　　　　商品：ノートパソコン 3 台（その他の商品）支払方法：掛け　運賃：@660　¥1,980

　　　　運送費請求書も送付した。

　　　　・伝票入力（売上伝票）　　　　（借）売掛金　1,980　　　（貸）売上　　　1,980

　　　　・（総勘定元帳、補助簿入力）

　　　　運送費請求書の発送　運輸・倉庫・保険業務　⇒　運送業務　運送費請求書

　　　　請求先一覧　⇒　4/22 に大阪総合商社へ配送した運送費

4月28日　取引先からの入金を確認し伝票入力を行う。

　　　　・入金の確認　経理部　⇒　銀行オンライン窓口　預金通帳

　　　　・伝票入力（振替伝票）　　　（借）当座預金　　276,650　　　（貸）売掛金　277,420

　　　　　　　　　　　　　　　　　　（借）支払手数料　　　770

　　　　・（総勘定元帳、補助簿入力）

　　　　※請求金額と入金額が違う場合がある。

　　　　これは相手が振り込む際に振込手数料を差し引いて振り込んだためである。

　　　　経費として伝票に記入する際には（借）支払手数料勘定を使用する。

　　　　例（借）当座預金　　35,980　　　（貸）売上　　36,750

　　　　　　（借）支払手数料　　770

6. 取引例題②：自由取引演習（5月上期）

［東京第n商事］

東京市場の卸売商社は、大阪市場の卸売商社、2社以上に「全自動たこ焼き機」の見積依頼を出す。

一番安い見積を出した商社から商品を購入するものとする。

仕入数量は300台（200万円くらい）とする。

購入した商品は標準販売単価の85％（@9,350）で東京総合商社に販売する。

（全自動たこ焼き機：標準販売単価@11,000）

例：

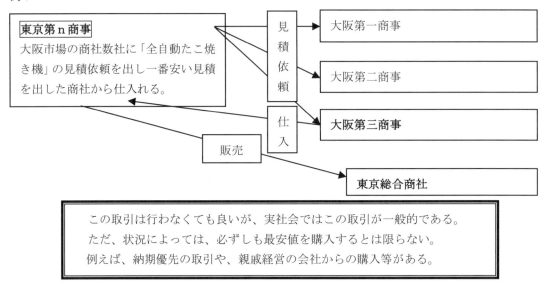

この取引は行わなくても良いが、実社会ではこの取引が一般的である。

ただ、状況によっては、必ずしも最安値を購入するとは限らない。

例えば、納期優先の取引や、親戚経営の会社からの購入等がある。

【自由取引の適用条件】

代金などの決済：仕入の買掛金は同月末日に支払う。

［東京総合商社］

東京総合商社は東京n商事から購入した「全自動たこ焼き機」（@9,350）を、すべて標準販売単価の90％（@9,900）で台場ホールディングスへ売り渡す。

（全自動たこ焼き機：標準販売単価@11,000）

台場ホールディングスからの代金は現金で受け取り、当座預入を行う。

その他、各商事会社からの依頼に応じて処理をする。

［おえど銀行］

おえど銀行は各商事会社からの依頼に応じて処理をする。

［浅草運送］

浅草運送は各商事会社からの依頼に応じて処理をする。

運送費請求書はその都度発行する。

［大阪第 n 商事］

大阪市場の卸売商社は、東京市場の卸売商社、2 社以上に「エスプレッソマシーン」の見積依頼を
出す。一番安い見積を出した商社から商品を購入するものとする。

仕入数量は 300 台（200 万円くらい）とする。

購入した商品は標準販売単価の 85％（@9,350）で大阪総合商社に販売する。

　（エスプレッソマシーン：標準販売単価@11,000）

　例：

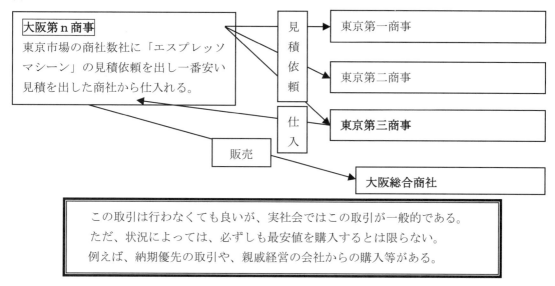

この取引は行わなくても良いが、実社会ではこの取引が一般的である。

ただ、状況によっては、必ずしも最安値を購入するとは限らない。

例えば、納期優先の取引や、親戚経営の会社からの購入等がある。

【自由取引の適用条件】

　代金などの決済：仕入の買掛金は同月末日に支払う。

［大阪総合商社］

大阪総合商社は大阪 n 商事から購入した「エスプレッソマシーン」（@9,350）を、すべて標準販売単価
の 90％（@9,900）で堂島ホールディングスへ売り渡す。

　（エスプレッソマシーン：標準販売単価@11,000）

堂島ホールディングスからの代金は現金で受け取り、当座預入を行う。

その他、各商事会社からの依頼に応じて処理をする。

［なにわ銀行］

なにわ銀行は各商事会社からの依頼に応じて処理をする。

［淀川運送］

淀川運送は各商事会社からの依頼に応じて処理をする。

運送費請求書はその都度発行する。

7. 取引例題③：自由取引演習（オリジナル商品編）

［商事会社］

各商社はオリジナル商品の企画と地元製造会社（総合商社内）への製造委託を行う。

地元製造会社（総合商社内）から製造委託したオリジナル商品ができあがった旨の連絡があったので、各地の商社は、オリジナル商品の入庫処理を行う。

仕入単価は標準販売単価の 40％の金額とする。

5月15日　オリジナル商品の企画を行う。

商品開発後は地元製造会社（総合商社内）に製造委託のメールを送る。

・オリジナル商品開発　商品企画室　⇒　オリジナル商品管理

※地元の地域物産を組み合わせ付加価値のある新たな商品を企画作成する。

※地域物産の写真を撮影したり、イラストを描いたり準備しよう。

※商品の写真やイラストがある場合は商品画像の 参照 をクリックしてファイルを選択する。

商品例

商品コード	1035-0301001		
商品名称	Musiman GW-Z1500		
商品略名称	Musiman GW-Z1500		
出荷単位	台		
標準販売単価	39,600	標準仕入単価	17,280
標準消費税率	0 ％		
運送料単価	550	倉庫料単価	80
商品重量	05	商品容積	1
商品備考	新世代ミュージックプレイヤー		

5月17日　地元製造会社（総合商社内）から製造委託したオリジナル商品ができあがった旨の連絡があったので、オリジナル商品の入庫を行う。

・オリジナル商品入庫　商品企画室　⇒　オリジナル商品入庫

（数量：＿＿＿＿＿＿＿　単価：＿＿＿＿＿＿＿　）

・伝票入力（仕入伝票）（借）仕入＿＿＿＿＿＿＿　（貸）買掛金＿＿＿＿＿＿＿

・（総勘定元帳・補助簿入力）

［総合商社］

総合商社は各商事会社からの依頼に応じて処理をする。

［銀行］

銀行は各商事会社からの依頼に応じて処理をする。

［運送会社］

運送は各商事会社からの依頼に応じて処理をする。

運送費請求書はその都度発行する。

［商事会社］

各商社の販売担当者は、メールを利用してオリジナル商品の販促活動を行い、商品を原則として他市場に販売する。

販売価格は仕入時の商品価格に25％上乗せして販売する。（販売業務）

同様に仕入担当者は他市場のオリジナル商品を必要に応じて購入する。（仕入業務）

仕入れた商品は再販しても良い。

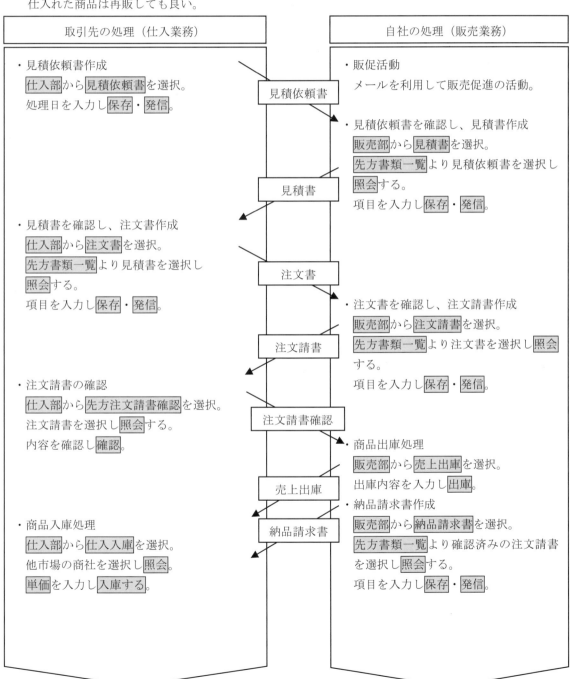

取引先の処理（仕入業務）	自社の処理（販売業務）

・見積依頼書作成
仕入部 から 見積依頼書 を選択。
処理日を入力し 保存 ・ 発信 。

・販促活動
メールを利用して販売促進の活動。

見積依頼書

・見積依頼書を確認し、見積書作成
販売部 から 見積書 を選択。
先方書類一覧 より見積依頼書を選択し
照会 する。
項目を入力し 保存 ・ 発信 。

見積書

・見積書を確認し、注文書作成
仕入部 から 注文書 を選択。
先方書類一覧 より見積書を選択し
照会 する。
項目を入力し 保存 ・ 発信 。

注文書

・注文書を確認し、注文請書作成
販売部 から 注文請書 を選択。
先方書類一覧 より注文書を選択し 照会
する。
項目を入力し 保存 ・ 発信 。

注文請書

・注文請書の確認
仕入部 から 先方注文請書確認 を選択。
注文請書を選択し 照会 する。
内容を確認し 確認 。

注文請書確認

・商品出庫処理
販売部 から 売上出庫 を選択。
出庫内容を入力し 出庫 。

売上出庫

・納品請求書作成
販売部 から 納品請求書 を選択。

・商品入庫処理
仕入部 から 仕入入庫 を選択。
他市場の商社を選択し 照会 。
単価 を入力し 入庫する 。

納品請求書

先方書類一覧 より確認済みの注文請書
を選択し照会する。
項目を入力し 保存 ・ 発信 。

取引先の処理（仕入業務）	自社の処理（販売業務）

・物品受領書作成
　仕入部 から 物品受領書 を選択。
　先方書類一覧 より納品請求書を選択し 照会 する。
　処理日を入力し 保存 ・ 発信 。

物品受領書

・売上伝票の記入
　経理部 から 伝票 を選択。
　売上伝票 を選択。
　内容を入力し 保存 。

・仕入伝票の記入
　経理部 から 伝票 を選択。
　仕入伝票 を選択。
　内容を入力し 保存 。

・（総勘定元帳・補助簿入力）

・（総勘定元帳・補助簿入力）

[商事会社]

5月24日　各商社の売上担当者は、仕入れた商品で売れ残った在庫のすべてを簿価（仕入単価）の
　　　　85％で地元の総合商社に在庫処分セールとして販売する。
　　　　期首からの繰越商品は販売しない。
　　　　・商品在庫確認　販売部　⇒　商品在庫
　　　　・売上出庫（商品：　　　　　、数量：在庫数、払出単価：　　　　　）
　　　　※期首からの繰越商品は販売しない。
　　　　・管理部宛納品請求書の作成
　　　　　（納入場所：買主店頭、運賃諸掛：売主負担、運送単価：　　　　　　）
　　　　　（運送会社：　　　　　、支払方法：掛け、納入期日：5/24）
　　　　※販売単価は仕入単価の85％とする。
　　　　・伝票入力（売上伝票）　　　（借）売掛金　　　　　　　（貸）売上　　　　　　
　　　　・（総勘定元帳、補助簿入力）

5月25日　社員3人分の給料と光熱費等の支払い分の小切手をサービス代行会社（総合商社内）に
　　　　振り出した。
　　　　給料 ¥1,503,000　　電話代 ¥22,088　　水道光熱費 ¥12,166
　　　　・給与台帳の登録　経理課　給与台帳　（P.88 参照）
　　　　・小切手の作成
　　　　　（金額：¥1,177,133、振出日：令和○年5月25日、支払場所：　　　　　銀行）
　　　　・伝票入力（振替伝票）　　　（借）給料　　　1,503,000　（貸）当座預金　　　1,142,879
　　　　　　　　　　　　　　　　　　　　　　　　　　　　　　　（貸）所得税預り金　　　57,030
　　　　　　　　　　　　　　　　　　　　　　　　　　　　　　　（貸）社会保険預り金　203,491
　　　　　　　　　　　　　　　　　　　　　　　　　　　　　　　（貸）市町村民税預り金 99,600

　　　　・伝票入力（振替伝票）　　　（借）通信費　22,088　（貸）当座預金　　　34,254
　　　　　　　　　　　　　　　　　　　（借）水道光熱費　12,166

　　　　・（総勘定元帳、補助簿入力）

[商事会社]

5月28日　運送会社からの請求書に基づいて小切手を切って振り込んだ。

　　　　　振込手数料は運送費から差し引いて振り込む。振込手数料は請求金額による。

　　　　　（3万円未満は¥330、3万円以上は¥770とする）

　　　　　・小切手の作成　　経理部　⇒　小切手

　　　　　（金額：　　　　　、振出日：令和〇年5月28日、支払場所：　　　　　　　銀行）

　　　　　・振込処理　　経理部　⇒　銀行オンライン窓口　⇒　振込

　　　　　（口座：当座、振込先口座：　　　　　銀行　　　　　運送、小切手：作成した小切手指定）

　　　　　・伝票入力（振替伝票）　　　（借）支払運賃　　　　　　　（貸）当座預金　　　　　　　

　　　　　・（総勘定元帳、補助簿入力）

　　　　　※実際に振り込む金額は、運賃から振込手数料を控除した金額になるので注意しよう

5月31日　総合商社に受け渡した手形（¥99,000）が引き落とされたので、帳票処理を行う。

　　　　　・引落金額確認　　銀行オンライン窓口　⇒　預金通帳

　　　　　・伝票入力（振替伝票）　　　（借）支払手形　　　　　　　（貸）当座預金　　　　　　　

　　　　　・（総勘定元帳、補助簿入力）

同　　日　金庫の残高が高額になったので5,000,000円を残し、当座に預け入れた。

　　　　　・伝票入力（出金伝票）　　　（借）当座預金　　　　　　　（貸）現金　　　　　　　

　　　　　・（金庫・出金）　　（銀行・預入）　　（総勘定元帳、補助簿入力）

［総合商社］

5月24日　商社から管理部宛納品請求書が届くので、仕入入庫を行う。

・仕入入庫（取引先： [   ] 商事、商品： [   ] 、単価： [   ] ）

・伝票入力（仕入伝票）　　　（借）仕入 [   ] （貸）買掛金 [   ]

・（総勘定元帳、補助簿入力）

5月25日　サービス代行会社（総合商社内）は、受け取った小切手(¥1,177,133)を銀行で小切手入金の手続きを行う。

社員3名分の給料¥1,142,879の振り込みを行う。

（振込先口座はその他を選択）

差額の¥34,254は通信費と水道光熱費分なので雑収入で処理しよう。

・小切手入金依頼 [経理部] ⇒ [小切手入金]

・伝票入力（振替伝票）　　　（借）当座預金　1,177,133　　（貸）仮受金　　1,177,133

・小切手の作成 [経理部] ⇒ [小切手]

金額：¥1,142,879、振出日：令和〇年5月25日、支払場所： [   ] 銀行

・振込処理 [経理部] ⇒ [銀行オンライン窓口] ⇒ [振込]

（口座：当座、振込先口座：その他、小切手：作成した小切手指定）

・伝票入力（振替伝票）　　　（借）仮受金　　1,142,879　　（貸）当座預金　1,142,879

（振替伝票）　　　（借）仮受金　　　　34,254　　（貸）雑収入　　　　34,254

・（総勘定元帳、補助簿入力）

5月27日　商事会社から携帯電話代金として受け取った手形（¥99,000）の満期処理を行う。

・手形顛末処理 [経理課] ⇒ [約束手形] ⇒ [受取一覧] ⇒ [取立入金]

（日付：令和〇年5月27日　被裏書人： [   ] 銀行）

・手形取立 [銀行オンライン窓口] ⇒ [手形取立]

（日付：5/27　口座：当座　手形：顛末処理した手形指定）

・伝票入力（振替伝票）　　　（借）当座預金 [   ] （貸）受取手形 [   ]

・（総勘定元帳、補助簿入力）

各市場共通

［運送会社］

5 月 28 日　取引先からの入金を確認し伝票入力を行う。

・経理業務　銀行窓口　預金通帳

・伝票入力（振替伝票）　　　（借）当座預金 ＿＿＿＿＿＿　（貸）売上 ＿＿＿＿＿＿

・（総勘定元帳・補助簿入力）

※請求金額と入金額が違う場合がある。

これは相手が振り込む際に振込手数料を差し引いて振り込んだためである。

経費として伝票に記入する際には（借）支払手数料勘定を使用する。

例　　（借）当座預金　　　35,980　　（貸）売上　　36,750

　　　（借）支払手数料　　　770

8. 決算期末処理

各社は伝票整理・合計残高試算表作成・帳簿の合計確認・照合を行う。

決算書の作成では以下の点に注意して行う

① 仮払消費税額＝仕入金額－（仕入金額/110*100）＋経費金額－（経費金額/110*100）

② 仮受消費税額＝売上金額－（売上金額/110*100）

③ 商品の期末棚卸は、在庫の合計金額により整理仕訳を行う。

④ 法人税は、税引前当期利益に対して50％計上する。（円未満切り捨て）

決算後の精算表と貸借対照表および損益計算書を印刷し、提出する。

3月31日　広告宣伝費の未払額55,000円があったので振替伝票処理する。

　　　　　・決算整理仕訳　期末処理　⇒　決算整理仕訳

　　　　　・伝票入力（決算整理仕訳）　　（借）広告費　55,000　（貸）未払費用　55,000

　　　　　・（総勘定元帳、補助簿入力）

同　日　期末の売掛金残高に対して5.5％の貸倒引当金を計上する。

　　　　　・売掛金残高の確認　経理課　⇒　帳簿　⇒　売掛金元帳　⇒　取引先別残高一覧

　　　　　・決算整理仕訳　期末処理　⇒　決算整理仕訳

　　　　　・伝票入力（決算整理仕訳）

　　　（借）貸倒引当金繰越　[　　　　　　]　（貸）売掛金貸倒引当金　[　　　　　　]

　　　　　・（総勘定元帳、補助簿入力）

同　日　商品期末棚卸の整理仕訳を行う。

　　　　　・商品在庫金額の確認　経理部　⇒　帳簿　⇒　商品有高帳

　　　　　・決算整理仕訳　期末処理　⇒　決算整理仕訳

　　　　　・伝票入力（決算整理仕訳）

　　　　（借）繰越商品　[　　　　　　]　（貸）期末商品棚卸高　[　　　　　　]

　　　　　・（総勘定元帳、補助簿入力）

同　日　消費税の整理仕訳を行う。

　　　　　・合計残高試算表で経費金額確認

　　　照会・集計　⇒　自動転記帳簿　⇒　合計残高試算表

　　　　　・消費税計算

　　　仮払消費税額＝仕入金額－（仕入金額/110*100）＋経費金額－（経費金額/110*100）

　　　　（経費：支払運賃・広告費・支払手数料・光熱費など）

　　　仮受消費税額＝売上金額－（売上金額/110*100）

　　　　　・決算整理仕訳　期末処理　⇒　決算整理仕訳

　　　　　・伝票入力（決算整理仕訳）　　（借）仮払消費税　[　　　　　]（貸）仕入　[　　　　]

　　　　　　　　　　　　　　　　　　　　　　　　　　　　　　　（貸）支払運賃　[　　　　]

　　　　　　　　　　　　　　　　　　　　　　　　　　　　　　　（貸）広告費　[　　　]　等

・伝票入力（決算整理仕訳）　　（借）売上 _____　　（貸）仮受消費税 _____
・（総勘定元帳、補助簿入力）

同　日　消費税の相殺を行う。

仮払消費税と仮受消費税を比較し、

「仮払＞仮受」の場合、還付されるので未収金勘定科目を使用、

「仮払＜仮受」の場合、未払消費税等で処理する。

・決算整理仕訳　期末処理　⇒　決算整理仕訳

・伝票入力（決算整理仕訳）

　　仮払＞仮受の場合　　　（借）仮受消費税 _____　（貸）仮払消費税 _____
　　　　　　　　　　　　　（借）未収金 _____

　　仮払＜仮受の場合　　　（借）仮受消費税 _____　（貸）仮払消費税 _____
　　　　　　　　　　　　　　　　　　　　　　　　　　（貸）未払消費税 _____

・（総勘定元帳、補助簿入力）

同　日　八桁精算表の印刷を行う。

決算確定後、貸借対照表、損益計算書、株主資本等変動計算書の印刷を行う。

・八桁精算表の印刷　照会・集計　⇒　自動転記帳簿　⇒　八桁精算表
・貸借対照表の印刷　照会・集計　⇒　財務諸表　⇒　貸借対照表（報告形式）
・損益計算書の印刷　照会・集計　⇒　財務諸表　⇒　損益計算書（報告形式）
・株主資本等変動計算書の印刷　照会・集計　⇒　財務諸表　⇒　株主資本等変動計算書

第3章
模擬実践取引演習2
（学校間取引対応）

（外税取引）

1. 演習の前提条件

＊全国学校間取引の流れ

```
┌─────────────────┐   ┌──────────────┐   ┌─────────────────┐
│ 地域物産を地元総合商社 ┐  │ 各地の地域物産を ┐ │ 地域物産のオリジナル商品 ┐
│ （管理部）から仕入れる ├─>│ 相互に売買する  ├>│ を企画し地元、他地域へ販売├>
└─────────────────┘   └──────────────┘   └─────────────────┘
```

```
┌──────────────┐   ┌──────────────┐   ┌──────────────┐
│ オリジナル商品を ┐ │ 地元で在庫商品の ┐ │             ┐
│ 相互に売買する  ├>│ 処分販売を行う  ├>│ 決算処理を行う ├>
└──────────────┘   └──────────────┘   └──────────────┘
```

1. 各地域の参加商社の数と名前

　　参加高等学校は地域物産を全国に販売する商社を設立開業する。（各学校毎に5〜10社位まで）

　　Web上はグローバルな市場であるが、各地域の商社は学校名や地域名を入れて地域や取扱商品がイメージしやすいような会社名称を考える。

2. 各地域の総合商社（管理部）の役割

　　各地域に地域物産を扱う総合商社（管理部）を設定し、あらかじめ地域を代表する商品の品揃えを行う。

　　他地域に販売するので画像情報やインパクトのあるキャッチコピーを制作して、販売しやすい工夫を行う。

　　商品画像や名称については必ず製造元・販売元の了承をとる事が必要（著作権等）。

　　品揃えは原則、地域の参加商社数と同数とする。（10社であれば10品目）

3. 地元総合商社（管理部）からの買入

各地域の商社は全国に販売する商品を地元総合商社（管理部）から買い入れる。買入は"全国学校間取引－経営モデル"に沿って地元総合商社（管理部）から1品目¥1,000,000程度で2品目、合計¥2,000,000程度の買入を行う。

4. 他地域への販売活動

　　メールを活用して各地域の商社に販売促進を行う。商品情報以外にも故郷の特徴や良さをPRする事で

　　相手商社の購入意欲を刺激するので、地元市町村の公的なホームページアドレスを調べて故郷紹介を行う

　　のも一つの方法である。

5. 全国学校間取引（1）他地域からの仕入れ（相互取引）

　　他地域の地域物産を互に見積もり合わせをしながら学校間取引を行う。

　　仕入れに当って同一・類似商品についてはできるだけ2社以上から見積を取り安いほうから仕入れるルールとする。

　　仕入れ額は経営モデルに沿って原則¥1,500,000程度とする。組み合わせに注意して仕入れを行う。

6. 全国学校間取引（2）地元オリジナル商品の企画・販売（相互取引）

　　各地域の特色のある商品に付加価値をつけた新しい商品を企画し、地元メーカー（管理部）に製造委託し仕入れる。

　　この企画商品を地元商社や他地域へPRして販売促進を行う。相互取引額は経営モデルに沿って2,000,000程度とする。

7. 全国学校間取引（3）地元での販売

　全国学校間取引後に在庫として残った商品や企画・開発商品を各地域の総合商社（管理部）へ地元セール用商材として各商社が売り渡す。

　各商品在庫の80％の数量を簿価で売り渡し、数量と価格については各商社が売渡申込書に記入する。

8. 経費・支払い条件と経理・決算処理

　全国学校間取引においては運送費は元払いとする。

　仕入代金と運送費の支払いは月末、小切手を切って銀行口座振込みをする。

　人件費（給料）などの費用を支払った上ですべての伝票の記帳チェックを行う。

　最後に決算を行い、結果を皆で確認してみよう。

9. 全国学校間取引日程

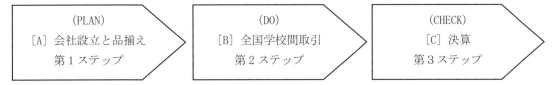

　全国学校間取引は、インターネットを利用して取引を行います。

　そのため、各学校の学校番号をログインIDの一部に使用するため、学校間取引用にログイン新規登録を行う必要があります。

　個人情報の管理には充分注意しましょう。

　会社の住所は学校の住所＋会社番号（生徒番号等任意）等にするのもよい方法です。

　学校間取引において各学校間での時間のずれによる授業の停滞が起きる事も考えられますが、地元商社との取引を併用する事により改善する事ができます。

　各商社は企画商品を早い段階から用意し他校との取引が滞った時など地元の商社同士で売買を進める事で対応できます。

　学校間の連絡用に、各学校毎に教師用の管理部を用意し、メール連絡に使用します。

　（例：実践高校管理部等）

全国学校間取引－経営モデル

≪ケース≫1品目あたり¥1,000,000程度を2品目仕入れる。 1品目は完売し他の1品目が期末在庫に残る。

	全国取引	オリジナル商品販売	地元での販売	合計
仕入モデル 対標準価格	地元総合商社から標準 価格の50%で仕入	地元総合商社から 仕入	期末在庫の80%が 地元販売対象	
販売モデル 対標準価格	他地域へ販売	他地域へ販売	在庫簿価で管理部に 売り渡し	
資本金	10,000,000			10,000,000
売上	1,500,000	2,000,000	800,000	3,500,000
仕入	1,000,000	1,500,000	800,000	2,500,000
売上利益	500,000	500,000	0	1,000,000
一般管理費	600,000			600,000
営業利益	－	－	－	400,000
決算整理			期末在庫20万円	△20,000
最終利益				380,000

以下の取り決めの範囲で取引を行う

1) 地元総合商社（管理部）からの仕入

　他地域に販売する地域物産を地元総合商社（管理部）から原則として2品目仕入れる。

　1品目あたり¥1,000,000程度とし総額で¥2,000,000程度とする。

　仕入価格は標準価格の50%とする。

2) 他地域の地域物産の仕入と販売

　取引に当っては同一または類似の商品を探しできるだけ見積併せを行い安いほうから購入する。

　販売価格は地域商品の魅力をPRしながら利益と他社の販売価格を考えて見積もり相互取引をする。

3) オリジナル商品の企画開発と販売

　地域物産に付加価値を付けたオリジナル商品を企画し、地元メーカー（管理部）に製造委託し仕入れる。

　商品の独自性を訴えながら他地域及び地元商社にも売り込む。

4) 地元総合商社（管理部）への売り渡し

　地元商社は仕入れた物産のうち在庫の80%を地元総合商社（管理部）へ簿価で売り渡す。

5) 一般管理費の計上

　①人件費は¥500,000とする。

　②運送費は実費とする。

　③全国学校間取引参加費として1社当り売上の2%を支払い手数料とする。

2. 取引の流れ

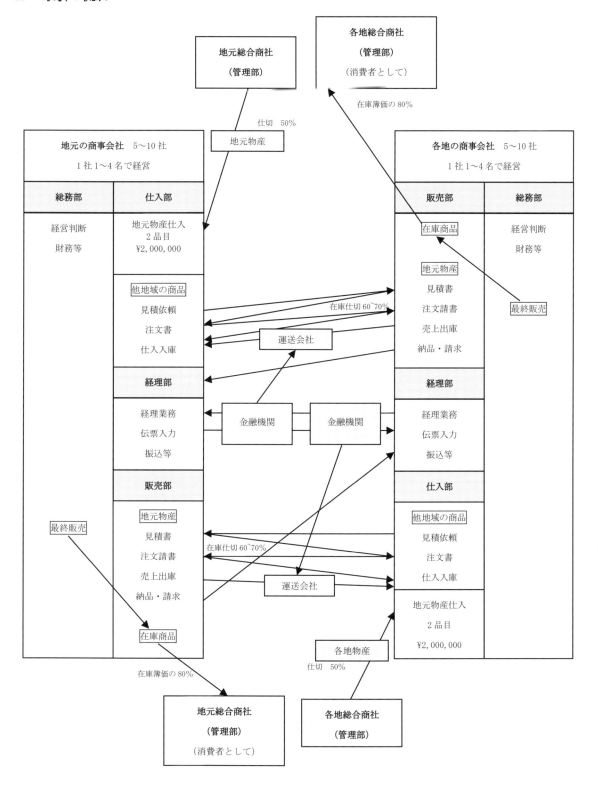

3. 市場構成と取扱商品

(1) 参加学校と市場名称

	参加高等学校	市場名称
例	○○高等学校	○○市場
1		
2		
3		
4		
5		
6		
7		
8		
9		
10		

(2) 各地の市場の取扱商品

	市場名称	商品コード	商品名称
例	○○市場	○○01～○○10	○○の商品01～○○の商品10
1			
2			
3			
4			
5			
6			
7			
8			
9			
10			

＊商品コードの頭二桁は県コードとする。（例：東京・・・1301 等）

県コード一覧

コード	都道府県	コード	都道府県	コード	都道府県	コード	都道府県	コード	都道府県
01	北海道	11	埼玉	21	岐阜	31	鳥取	41	佐賀
02	青森	12	千葉	22	静岡	32	島根	42	長崎
03	岩手	13	東京	23	愛知	33	岡山	43	熊本
04	宮城	14	神奈川	24	三重	34	広島	44	大分
05	秋田	15	新潟	25	滋賀	35	山口	45	宮崎
06	山形	16	富山	26	京都	36	徳島	46	鹿児島
07	福島	17	石川	27	大阪	37	香川	47	沖縄
08	茨城	18	福井	28	兵庫	38	愛媛		
09	栃木	19	山梨	29	奈良	39	高知		
10	群馬	20	長野	30	和歌山	40	福岡		

(3) 各市場の機関商

	市場名称	業種	会社名称	会社略名称
例	○○市場	管理部	○○総合商社	○○総合
		銀行	○○銀行	○○銀行
		運送・倉庫・保険	○○運送	○○運送
1		管理部		
		銀行		
		運送・倉庫・保険		
2		管理部		
		銀行		
		運送・倉庫・保険		
3		管理部		
		銀行		
		運送・倉庫・保険		
4		管理部		
		銀行		
		運送・倉庫・保険		
5		管理部		
		銀行		
		運送・倉庫・保険		
6		管理部		
		銀行		
		運送・倉庫・保険		
7		管理部		
		銀行		
		運送・倉庫・保険		
8		管理部		
		銀行		
		運送・倉庫・保険		
9		管理部		
		銀行		
		運送・倉庫・保険		
10		管理部		
		銀行		
		運送・倉庫・保険		

(4) 計画書

各市場の商事会社

	商社名称／住所／TEL・FAX	担当部署	担当者
例	東京第一商事 〒160-0023　東京都新宿区西新宿 1-1-1 TEL 03-7766-1111　　FAX 03-7766-1212	代表取締役	東京　一郎
		経理部	東京　花江
		仕入部	東京　小太郎
		販売部	東京　太郎
1		代表取締役	
		経理部	
		仕入部	
		販売部	
2		代表取締役	
		経理部	
		仕入部	
		販売部	
3		代表取締役	
		経理部	
		仕入部	
		販売部	
4		代表取締役	
		経理部	
		仕入部	
		販売部	
5		代表取締役	
		経理部	
		仕入部	
		販売部	
6		代表取締役	
		経理部	
		仕入部	
		販売部	
7		代表取締役	
		経理部	
		仕入部	
		販売部	
8		代表取締役	
		経理部	
		仕入部	
		販売部	
9		代表取締役	
		経理部	
		仕入部	
		販売部	
10		代表取締役	
		経理部	
		仕入部	
		販売部	

地元総合商社(管理部)取扱商品計画書

	例	1.	2.	3.
商品コード(4桁)	S001			
商品名称	チーズ			
商品略名称	チーズ			
単位[個,袋,箱,ダース等]	箱			
標準販売単価	¥2,500			
標準仕入単価	¥1,250			
運送料単価	¥100			
倉庫料単価	¥15			
商品重量 (kg)	1			
商品容積 (m³)	1			
備考				
商品画像保存場所				

	4.	5.	6.	7.
商品コード(4桁)				
商品名称				
商品略名称				
単位[個,袋,箱,ダース等]				
標準販売単価				
標準仕入単価				
運送料単価				
倉庫料単価				
商品重量 (kg)				
商品容積 (m³)				
備考				
商品画像保存場所				

総合商社（管理部）からの買入商品計画書

	例	1.	2.
商品名称	チーズ		
仕入先	○○総合商社（管理部）		
運送会社	実践運送		
仕入単価	¥1,750		
数量	500		
仕入金額合計	¥875,000		
支払期日	4/20		

	3.	4.	5.
商品名称			
仕入先			
運送会社			
仕入単価			
数量			
仕入金額合計			
支払期日			

	6.	7.	8.
商品名称			
仕入先			
運送会社			
仕入単価			
数量			
仕入金額合計			
支払期日			

他市場商社からの仕入商品計画書

	例	1.	2.
商品名称	ワイン		
仕入先	YY 株式会社		
運送会社	YY 運送		
仕入単価	¥840		
数量	50		
仕入金額合計	¥42,000		
支払期日	5/10		

	3.	4.	5.
商品名称			
仕入先			
運送会社			
仕入単価			
数量			
仕入金額合計			
支払期日			

	6.	7.	8.
商品名称			
仕入先			
運送会社			
仕入単価			
数量			
仕入金額合計			
支払期日			

商社企画商品計画書

	例		1.	
商品コード(4桁)	0001			
商品名称	チーズ＆ワイン			
商品略名称	チーズ＆ワイン			
1) 利用商品／仕入原価	チーズ	¥1,750		
2) 利用商品／仕入原価	ワイン	¥850		
3) 利用商品／仕入原価				
4) 利用商品／仕入原価				
単位[個,袋,箱,ダース等]				
標準販売単価	¥5,200			
標準仕入単価	¥2,600			
運送料単価	¥300			
倉庫料単価	¥30			
商品重量（kg）	1			
商品容積（m³）	1			
備考				
商品画像保存場所				

	2.		3.	
商品コード(4桁)				
商品名称				
商品略名称				
1) 利用商品／仕入原価				
2) 利用商品／仕入原価				
3) 利用商品／仕入原価				
4) 利用商品／仕入原価				
単位[個,袋,箱,ダース等]				
標準販売単価				
標準仕入単価				
運送料単価				
倉庫料単価				
商品重量（kg）				
商品容積（m³）				
備考				
商品画像保存場所				

給与台帳

	社員番号	氏名	基本給	職務手当	通勤手当	扶養家族手当	その他手当	支給計	
	役職	扶養家族	所得税	健康保険	厚生年金	雇用保険	住民税	控除計	差引支給
1									－
	（社長）	名				－			
2									－
		名							
3									－
		名							
4									－
		名							
	合　計								－

参考　社会保険料は健康保険、厚生年金及び雇用保険の合計額

給与台帳サンプル

	社員番号	氏名	基本給	職務手当	通勤手当	扶養家族手当	その他手当	支給計	
	役職	扶養家族	所得税	健康保険	厚生年金	雇用保険	住民税	控除計	差引支給
1	1	実践太郎	800,000					800,000	－
	（社長）	3 名	45,340	46,057	56,730	－	67,000	215,127	584,873
2	2	実践華子	375,000	25,000	33,000	15,000		448,000	－
	（課長）	2 名	7,210	21,714	40,260	1,344	25,000	95,528	352,472
3	3	実践次郎	230,000		25,000			255,000	－
	（社員）	0 名	4,480	12,831	23,790	765	7,600	49,466	205,534
									－
		名							
	合　計		1,405,000	25,000	58,000	15,000		1,503,000	－
			57,030	80,602	120,780	2,109	99,600	360,121	1,142,879

4. 期首残高

貸借対照表　令和ＸＸ年4月1日

各地の総合商社（管理部）

資　　産		負債および資本	
現　金	3,000,000	借　入　金	30,000,000
当　座	35,000,000		（地元銀行）
（地元銀行）		資　本　金	100,000,000
土　地	70,000,000		
建　物	20,500,000		
備　品	1,500,000		
	130,000,000		130,000,000

各地の銀行

資　　産		負債および資本	
現　金	999,999,999	資　本　金	999,999,999
	999,999,999		999,999,999

各地の運送会社

資　　産		負債および資本	
現　金	3,000,000	借　入　金	30,000,000
当　座	35,000,000		（地元銀行）
（地元銀行）		資　本　金	100,000,000
土　地	70,000,000		
建　物	20,500,000		
備　品	1,500,000		
	130,000,000		130,000,000

5. 取引例題

1. 総合商社（管理部）は地元の商社が扱う地域物産の設定を行う。（繰越残高設定、勘定残高設定）

2. 学校間取引に参加する生徒全員がログインIDの新規登録・商事会社の登録・期首設定を行う。

　　繰越残高設定　　　現金：¥3,000,000　　預金（地元銀行の当座）：¥5,000,000

　　勘定残高設定　　　資本金：¥10,000,000　　備品：¥500,000　　事務所保証金：¥1,500,000

3. 商社の仕入担当者は、地元の総合商社（管理部）から地域物産を2種類以上、標準価格の50%で
　　¥1,000,000程度、掛けで仕入れる。支払いは、月末に小切手を切って振り込む。

4. 商社の販売担当者は、メールを利用して他市場商社へ地域物産の販売促進を行う。

5. 商社の仕入担当者は、他市場の商社から地域物産を¥1,500,000程度、仕入れる。
　　見積併せを行い安い商社から購入する。（仕入業務）

6. 商社の販売担当者は、他市場の商社からの注文に対して商品販売を行う。
　　販売価格は標準価格の60～70%とする。（販売業務）

7. 商社は、オリジナル商品の企画・製造委託・仕入処理・販売活動を行う。
　　仕入単価は製造委託した原価に10%を上乗せした金額
　　商品は原則、他市場に販売。
　　販売価格は仕入時の商品価格に15%乗せて販売する。（販売業務）
　　同様に仕入担当者は他市場のオリジナル商品を必要に応じて購入する。（仕入業務）

8. 商社の売上担当者は、仕入れた商品で売れ残った在庫の80%（前後）を簿価の80%で地元の総合商社
　　（管理部）に在庫処分セールとして売り渡す。売り渡す商品は自由とする。

9. 商社は、今月分給与の支払いを行う。小切手¥410,000を振り出し、地元総合商社（管理部）内の給与支
　　払代行会社に渡した。給与代行会社は小切手取立入金後、振込の処理を行う。

　　給与：¥500,000

　　振込：¥410,000　　所得税預り金：¥28,000　　社会保険預り金：¥35,000　　市町村民税預り金：¥27,000

10. 仕入代金（買掛金）の支払い
　　①商社は、地元総合商社（管理部）から仕入れた代金を小切手を切って振り込む。
　　　振込手数料は同一銀行のため、無料とする。
　　②商社は、他市場の商社から仕入れた商品の代金を小切手を切って振り込む。
　　　振込手数料¥660（税込）は買主負担で支払手数料で経費処理する。

11. 売掛代金の回収確認
　　商社は、銀行口座に商品販売代金の振込入金を確認する。
　　入金額が少ない場合、振込代金を控除して振り込まれているので差額は支払手数料で処理する。

12. 商社は、運送会社に運送代金を小切手を切って振り込む。

13. 決算整理
　　①広告宣伝費の未払額が ¥55,000（税込）あったので振替伝票で処理する。未払費用勘定使用。
　　②総合商社（管理部）へ全国学校間取引参加費として売上の2%を支払手数料とする。未払費用勘定使用。
　　③商品期末棚卸は、在庫金額により整理仕訳をする。
　　④消費税の整理仕訳を行う。（仮払消費税、仮受消費税の相殺）
　　⑤各自の会社の精算表を印刷する。決算が確定後、貸借対照表　損益計算書も印刷する。

1 演習の準備処理

各地の総合商社（管理部）は地元の商社が扱う地域物産の設定を行う。

（繰越残高設定、勘定残高設定）

商品は¥55,000,000程度、設定する。

[総合商社（期首設定）]

1. ログイン画面

総合商社（管理部）用のログインIDを入力し、
ログインをクリック。

2. 演習選択画面

演習コースを選択し、演習開始 をクリック。

3. 会社選択画面

総合商社（管理部）を選択し、選択をクリック。

4. 管理部メニュー画面

経理部をクリック。

5. 経理部メニュー画面

[期首設定] の繰越残高設定をクリック。

＊P.154の各地の総合商社（管理部）の貸借対照表を参照。

6. 繰越残高設定画面

　期首商品設定を入力し、 保存 をクリック。

　・商品：各市場の商品を選択

　・単価：標準単価の 40％〜50％を入力

　＊期首商品設定の合計金額が¥55,000,000 程度になるように指定。

7. 繰越残高設定画面

　 経理部 をクリック。

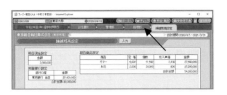

8. 経理部メニュー画面

　［期首設定］の 勘定残高設定 をクリック。

9. 勘定残高設定画面

　 繰越残高設定からデータを取り込む をクリック。

　ダイアログが表示されたら OK をクリック。

10. 勘定残高設定画面

　現金等のデータが自動で入力される。

　貸借対照表を確認、その他のデータを入力し 保存 をクリック。

　＊当座預金は摘要欄で該当の銀行口座を選択する。

　＊総合商社の繰越商品の相手勘定として買掛金を使用する。

　　摘要は、実践管理部とする。

2　商事会社の準備

ログイン ID の登録を行う。

　学校間取引に参加する生徒全員がログイン ID の新規登録を行う。

地元商社の登録を行う。

　地域物産を全国に販売する商事会社（以下地元の商社という）を登録する。

　会社名称は地域の物産販売のイメージが全国からもわかるような工夫をしよう。

勘定残高設定を行う。

　繰越残高設定・・・現金：¥3,000,000　　預金（地元銀行の当座）：¥5,000,000

　勘定残高設定・・・資本金：¥10,000,000　備品：¥500,000　事務所保証金：¥1,500,000

［商事会社（ID 登録）］

1．ログイン画面

　新規 ID 登録 をクリック。

2．ログイン情報入力画面

　データを入力後、登録 をクリック

　*学校間取引用のため、ログイン ID の頭 6 桁は学校コードを、

　　後 4 桁は学生番号を入力する。

　　例）札幌東商業　3 年 8 組 99 番　→　01112G-3899

　　　　那覇商業　　3 年 3 組 99 番　→　47122E-3399

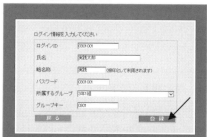

3．ログイン画面

　ログイン ID が登録される

　パスワードを入力し、ログイン をクリック。

［商事会社（会社登録）］

*数名のグループで 1 社を経営する。代表者を決めて、代表者一人だけが会社設立を行う。

1．演習コース選択画面

　学校間取引演習を選択し、演習開始 をクリック。

2．会社選択画面

　自社設定 をクリック。

　*会社が事前に設定されている場合や、代表者以外の生徒は演習開

　　始を選択後、代表者が設立した会社を選択し、選択をクリックす

　　る。選択する会社を間違うと他社の社員となってしまうので注意

　　が必要。一度選択するとその後は自分の会社のみ表示される。

［商事会社（会社登録）］

3．自社設定入力画面

　各自の会社情報を入力し、定款の作成をクリック。

　＊資本金 10,000,000 円となる様に、株式数の合計を

　　200㈱で入力する。

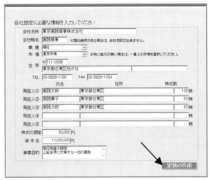

4．定款画面

　内容を確認し、印刷をクリック。

　次へをクリック。

5．会社設立手順画面

　実社会の会社設立の手順が表示される。

　内容を確認し、会社設立をクリック。

［商事会社（勘定残高設定）］

1．商社メニュー画面

　経理部をクリック。

2．経理部メニュー画面

　［期首設定］の繰越残高設定をクリック。

[商事会社（勘定残高設定）]

3.　繰越残高設定画面

　　期首現金設定、期首銀行設定を入力し、保存をクリック。

　　・期首現金設定：　¥3,000,000

　　・期首銀行設定：　¥5,000,000（地元銀行の当座）

4.　繰越残高設定画面

　　経理部をクリック。

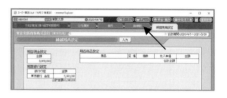

5.　経理部メニュー画面

　　［期首設定］の勘定残高設定をクリック。

6.　勘定残高設定画面

　　繰越残高設定からデータを取り込むをクリック。

　　ダイアログが表示されたら OK をクリック。

7.　勘定残高設定画面

　　現金等のデータが自動で入力される。

　　その他のデータを入力し保存をクリック。

　　・資本金：　¥10,000,000

　　・備品：　¥500,000

　　・事務所保証金：　¥1,500,000

　　＊当座預金は摘要欄で該当の銀行を選択する。

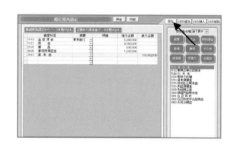

3　地元総合商社（管理部）からの買い入れ

各地の商社の仕入担当者は、地元の総合商社（管理部）から地域物産を2種類以上、標準価格の50%で¥1,000,000程度、掛けで仕入れる。

支払いは、月末に小切手を切って振り込む。

自社の処理（商品の買入）[　　　　　　]

9月10日

・管理部から商品の買入を行う。

地元総合商社（管理部）から故郷物産を¥1,000,000程度購入する。

仕入部 ・ 管理部買入申込書 をクリック。

取引先：地元総合商社を選択

納入場所：買主店頭

運賃諸掛：買主負担

支払方法：掛け　商品：2種類以上を選択

数量：標準価格の50%で計算した

¥1,000,000程度の数量

＊ P.150 総合商社からの買入商品計画書を参照

処理日を入力し、保存 ・ 発信。

9月12日

・仕入入庫を行う。

総合商社（管理部）からの納品請求書を確認し、商品入庫処理を行う。

受発信文書で管理部納品請求書を確認。

仕入部 ・ 仕入入庫 をクリック。

該当の物をダブルクリック。

処理日と単価（運送単価を上乗せした金額）

を入力し、入庫 をクリック。

9月13日

・仕入計上処理を行う。

仕入部 ・ 管理部宛物品受領書 をクリック。

先方書類一覧 より総合商社（管理部）からの納品請求書をダブルクリック。

処理日を入力し 保存 ・ 発信。

・仕入伝票の記入を行う。

経理部 ・ 伝票 ・ 仕入伝票 をクリック。

内容を入力し 保存。

・（総勘定元帳・補助簿入力）

各地の総合商社（管理部）[　　　　　　]

管理部買入
申込書

9月11日

・商社からの買入申込を受け付ける。

受付業務 ・ 買入受付 をクリック。

先方書類一覧 より地元商社からの申込を選択し 照会 をクリック。

運送会社：地元運送会社を選択

運送費：各自自由設定

掛け率は50%を入力し、保存 ・ 発信。

＊掛け率とは・・・全ての商品の標準価格に対する掛け率

運送費は商品に上乗せして商社に請求する。

管理部
納品請求書

4 メールでの営業活動

各地の商社の販売担当者は、他市場の商社へメールを利用して地域物産の注文が来るように
販売促進の営業展開を図る。

自社の処理（メール作成）[　　　　　]	取引先の処理　　　　[　　　　　]

10月1日

・他市場の商社にメールを送信する。
　受発信文書をクリック。

メール作成をクリック。

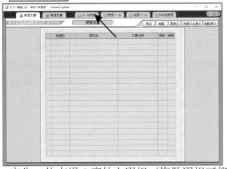

宛先：他市場の商社を選択（複数選択可能）
作成日、件名、内容を入力し送信。

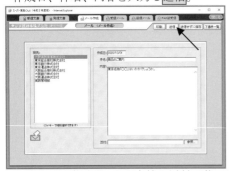

参照から画像やWord文書等も添付可能。

・受信したメールを確認する。
　受発信文書をクリック。

メール

受信メールをクリック。

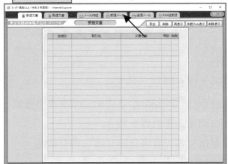

届いたメールをダブルクリック。

5　他市場からの商品仕入

各地の商社の仕入担当者は、他市場の商社から地域物産を¥1,500,000程度、仕入れる。
見積併せを行い安い商社から購入する。(仕入業務)

自社の処理（仕入業務）[　　　　　]	取引先の処理　　　　[　　　　　]

10月2日

他市場の商社へ見積依頼書を送付する。
仕入部・見積依頼書をクリック。
項目を入力し保存・発信。
・運賃諸掛：売主負担

→ 見積依頼書 →

10月5日

他市場の商社から届いた見積依頼書に対して見積書を送付する。
販売部・見積書をクリック。
先方書類一覧より他市場の商社からの見積依頼をダブルクリック。
処理日、運送費を入力
運送会社は地元運送会社を選択
単価は標準価格の60〜70%を入力
保存・発信。
注）取引毎の運送費と仮払消費税をメモしておこう
　　取引先［　　　　　　　　　］
　　運送費［　　　　　　　　　］
　　仮払消費税［　　　　　　　］

10月7日

他市場の商社から届いた見積書に対して注文書を送付する。
仕入部・注文書をクリック。
先方書類一覧から他市場の商社からの見積書をダブルクリック。
処理日を入力し保存・発信。

← 見積書

注文書

10月10日

他市場の商社から届いた注文書に対して注文請書を送付する。
販売部・注文請書をクリック。
先方書類一覧より他市場の商社からの注文書をダブルクリック。
処理日を入力し保存・発信。

注文請書

10月12日

他市場の商社から届いた。
注文請書を確認する。
仕入部・先方注文請書確認をクリック。
他市場の商社からの注文請書をダブルクリック。
内容を確認し、確認。

注文請書確認

10月13日

他市場の商社の注文請書確認が済んだので商品を出庫する。
販売部・売上出庫をクリック。
出庫内容を入力し、出庫。

5　他市場からの商品仕入

自社の処理（仕入業務）[　　　　　]

10 月 14 日
他市場の商社から届いた納品請求書を
確認し、商品入庫処理を行う。
仕入部・仕入入庫 をクリック。
他市場の商社をダブルクリック。
単価を入力し 入庫 。

仕入計上処理を行う。
仕入部・物品受領書 をクリック。
先方書類一覧 より他市場の商社からの
納品請求書をダブルクリック。
処理日を入力し 保存・発信 。

仕入伝票の記入を行う。
経理部・伝票 をクリック。
仕入伝票 をクリック。
内容を入力し 保存 。
（総勘定元帳・補助簿入力）

取引先の処理　　　　　[　　　　　]

10 月 13 日
納品請求書を送付する。
販売部・納品請求書 をクリック。
先方書類一覧 より他市場の商社からの確認
済み注文請書をダブルクリック。
処理日を入力し 保存・発信 。

売上伝票の記入を行う。
経理部・伝票 をクリック。
売上伝票 をクリック。
内容を入力し 保存 。
（総勘定元帳・補助簿入力）

納品請求書

6　他市場への商品販売

各地の商社の販売担当者は、他市場の商社からの注文に対して商品販売を行う。
販売価格は標準価格の 60～70％とする。

＊この章は「5　他市場から商品仕入」を逆の立場で行う。
前章で「自社の処理（仕入業務）」を行った商社は、前章の「取引先の処理」を参照して演習を行う。
同様に、前章で「取引先の処理」を行った商社は、前章の「自社の処理（仕入業務）」を参照して演習を
行う。

7 オリジナル商品取引

オリジナル商品の企画と地元総合商社（管理部）への製造委託

オリジナル商品の入庫

　　仕入単価は製造委託した原価に10%を上乗せした金額とする。

オリジナル商品の売買

　　販売担当者はメールを利用してオリジナル商品の販促活動を行う（原則、他市場に販売）。

　　販売価格は仕入時の商品価格に15%乗せて販売する。（販売業務）

　　同様に仕入担当者は他市場のオリジナル商品を必要に応じて購入する。（仕入業務）

オリジナル商品の企画と地元総合商社（管理部）への製造委託

10月15日　オリジナル商品の企画を行う。

1. 地元の地域物産を組み合わせて付加価値をつけて新たな商品を企画したり、オリジナル商品を考える。
　地域物産の写真を撮ったり、イラストを描いて準備する。
2. 商品企画室・オリジナル商品管理をクリック。
3. 項目を入力し保存。
4. 地元総合商社（管理部）に製造委託のメールを送る。
　＊地元物産センター等へ行って地元の誇れる物を探し出そう！

オリジナル商品の入庫

10月17日　地元総合商社から連絡がありオリジナル商品の入庫を行う。

1. 商品企画室・オリジナル商品入庫をクリック。
2. 項目を入力し入庫。
3. 仕入伝票の記入を行う。
　経理部から伝票をクリック。　仕入伝票をクリック。内容を入力し保存。
4. （総勘定元帳・補助簿入力）

オリジナル商品の売買

各地の商社は取引条件に沿って、オリジナル商品の売買を行う。

取引手順は「4　メールで営業活動」「5　他市場からの商品仕入」を参照して行う。

8 地元総合商社（管理部）へ商品売り渡し

　　各地の商社の売上担当者は、仕入れた商品で売れ残った在庫の80%（前後）を簿価の80%で

　　地元の総合商社（管理部）に在庫処分セールとして売り渡す。

　　売り渡す商品は自由とする。

10月20日　商品在庫の確認を行う。

1. 商品在庫を確認する。
　販売部・商品在庫をクリック。
2. 商品出庫処理を行う。
　販売部・売上出庫をクリック。
　出庫内容を入力し出庫。
3. 売上伝票の記入を行う。
4. （総勘定元帳・補助簿入力）

9　給与の支払い

各地の商社は、今月分給与の支払いを行う。

小切手 ¥410,000 を振り出し、地元総合商社（管理部）内の給与支払代行会社に渡した。

給与代行会社は小切手取立入金後、振込の処理を行う。

給料：¥500,000　振込：¥410,000　所得税預り金：¥28,000　社会保険預り金：¥35,000

市町村民税預り金：¥27,000

自社の処理（給与支払）［　　　　　　］

10月末日　小切手を振り出す。

経理部・小切手をクリック。

NO、金額、振出日、支払場所を入力し保存。

金額：410,000

支払場所：地元銀行を選択。

取引相手に手渡す（振出）をクリック。

振出先：地元総合商社（管理部）を選択し送信。

・振替伝票の記入を行う。

経理部・伝票をクリック。

振替伝票をクリック。

内容を入力し保存。

(借) 給料 500,000　(貸) 当座預金　　　410,000

(貸) 所得税預かり金　28,000

(貸) 社会保険預り金　35,000

(貸) 市町村民税預り金 27,000

・（総勘定元帳・補助簿入力）

各地の総合商社（管理部）［　　　　　　］

小切手

10月末日　商社からの小切手を取り立てる。

経理部から銀行選択：地元銀行を選択し、小切手入金をクリック。

処理日：10月末日

口座：当座を選択

小切手：商社からの小切手を選択。

内容を入力し依頼。

10　支払代金（買掛金）の支払い

①各地の商社は、地元総合商社（管理部）から仕入れた代金を、小切手を切って振込む。

振込手数料は同一銀行のため、無料とする。

・地元総合商社（管理部）からの商品仕入代金

・自社オリジナル商品製造委託の仕入代金

自社の処理（仕入代金支払い）［　　　　　］	各地の総合商社（管理部）

自社の処理（仕入代金支払い）

10月末日　小切手を切る。

　経理部 から 小切手 を選択。

　NO、金額、振出日、支払場所を入力し 保存。

　支払場所：地元銀行を選択

　銀行へ持っていき、引出・振込に使う を

　クリック。

・地元総合商社（管理部）へ振込を行う。

　経理部 から銀行選択：地元銀行を選択し

　振込 をクリック。

　処理日、口座、振込先口座、小切手を入力

　し、依頼。

　振込先口座：地元総合商社（管理部）を選択

　小切手：地元総合商社（管理部）宛の小切手

　を選択。

振込

・総合商社（管理部）への振込の確認を行う。

　経理部 から銀行選択：地元銀行を選択し

　預金通帳 をクリック。

　預金通帳を見る をクリック。

　仕入金額が出金されているのを確認。

・振替伝票の記入を行う。

　経理部・伝票 をクリック。

　振替伝票 をクリック。

　内容を入力し 保存。

・（総勘定元帳・補助簿入力）

各地の総合商社（管理部）

・商社からの振込入金の確認を行う。

　経理部 から銀行選択：地元銀行を選択し

　預金通帳 をクリック。

　預金通帳を見る をクリック。

　販売金額が入金されているのを確認。

10 仕入代金（買掛金）の支払い

②各地の商事会社は、他市場の商社から仕入れた商品の代金を、小切手を切って振り込む。

振込手数料 ¥660（税込）は振込人負担で、支払手数料で経費処理する。

・他市場からの商品仕入代金

・他市場からのオリジナル商品仕入代金

自社の処理（仕入代金支払い）[　　　　]

10月末日　小切手を振り出す。

経理部 ・ 小切手管理 をクリック。

NO、金額、振出日、支払場所を入力し 保存 。

金額：仕入代金＋**振込手数料（¥660）**

支払場所：地元銀行を選択

銀行へ持っていき、引出・振込に使う を クリック。

・他市場の商社へ振込を行う。

経理部 から銀行選択：地元銀行を選択し 振込 をクリック。

処理日、口座、振込先口座、小切手を入力 し、送信 。

振込先口座：他市場の商社を選択

小切手：他市場の商社宛の小切手を選択

・他市場の商社への振込の確認を行う。

経理部 から銀行選択：地元銀行を選択し 預金通帳 をクリック。

預金通帳を見る を選択。

仕入代金と手数料 ¥660 が出金されている のを確認。

・振替伝票の記入を行う。

経理部 ・ 伝票 をクリック。

振替伝票 をクリック。

内容を入力し 保存 。

・（総勘定元帳・補助簿入力）

取引先の処理　　　　　[　　　　]

振込

・他市場の商社からの振込入金の確認を行う。

経理部 から銀行選択：地元銀行を選択し 預金通帳 をクリック。

預金通帳を見る をクリック。

販売金額が入金されているのを確認。

・振替伝票の記入を行う。

経理部 ・ 伝票 をクリック。

振替伝票 をクリック。

内容を入力し 保存 。

・（総勘定元帳・補助簿入力）

11 売掛代金の回収確認

各地の商社は、銀行口座に商品販売代金の振込入金を確認する。

入金額が少ない場合、振込代金を控除して振込まれているので差額は支払手数料で処理する。

自社の処理（代金回収の確認）〔　　　〕	取引先の処理〔　　　〕
10月末日　商社からの振込入金の確認を行う。 経理部から銀行選択：地元銀行を選択し預金通帳をクリック。 預金通帳を見るをクリック。 販売金額が入金されているのを確認。 ・振替伝票の記入を行う。 経理部・伝票をクリック。 振替伝票をクリック。内容を入力し保存。 ・（総勘定元帳・補助簿入力）	

12 運送費の支払い

各地の商社は、運送会社に運送代金を小切手で振り込む。

・他市場へ商品販売時の運賃

自社の処理（運送費支払い）〔　　　〕	運送会社の処理〔　　　〕
10月末日　小切手を振り出す。 経理部・小切手管理をクリック。 NO、金額、振出日、支払場所を入力し保存。 金額：運送代金　　支払場所：地元銀行を選択 銀行へ持っていき、引出・振込に使うをクリック。 ・運送会社へ振り込みを行う。 経理部から銀行選択：地元銀行を選択し振込をクリック。 処理日、口座、振込先口座、小切手を入力し、送信。 振込先口座：運送会社を選択 小切手：運送会社宛の小切手を選択 ・運送会社への振り込みの確認を行う。 経理部から銀行選択：地元銀行を選択し預金通帳をクリック。 預金通帳を見るをクリック。 運送代金が出金されているのを確認。 ・振替伝票の記入を行う。 経理部から伝票を選択。 振替伝票を選択。　内容を入力し保存。 ・（総勘定元帳・補助簿入力）	振込

13　決算整理

広告宣伝費の未払額が ¥55,000（税込）あったので振替伝票で処理する。
　　未払費用勘定を使用。
各地の総合商社（管理部）へ、全国学校間取引参加費として売上の2%を支払手数料とする。
　　未払費用勘定を使用
商品期末棚卸は、在庫金額により整理仕訳を行う。
消費税の整理仕訳を行う。（仮払消費税、仮受消費税の相殺）
各自の会社の精算表を印刷する。
決算が確定後、貸借対照表　損益計算書も印刷する。

広告宣伝費の未払額が ¥55,000（税込）あったので振替伝票で処理する。

1.　経理部・決算整理仕訳をクリック。

2.　内容を入力し保存。
　　(借)広告費　　　　50,000　　　(貸)未払費用　55,000
　　(借)仮払消費税　　5,000

各地の総合商社（管理部）へ、全国学校間取引参加費として売上の2%を支払手数料とする。

1.　照会・集計・損益計算書をクリック。
　　売上の金額を確認。

2.　経理部・決算整理仕訳をクリック。

3.　内容を入力し保存。
　　(借)支払手数料 _____　(貸)未払費用 _____
　　(借)仮払消費税 _____

商品期末棚卸は、在庫金額により整理仕訳を行う。

1.　照会・集計・商品在庫（商品有高帳）をクリック。
　　在庫金額を確認。

2.　経理部・決算整理仕訳をクリック。

3.　内容を入力し保存。
　　(借)繰越商品 _____　(貸)仕入 _____

消費税の整理仕訳を行う。（仮払消費税、仮受消費税の相殺）

1. 照会・集計・合計残高試算表 をクリック。
   仮払消費税、仮受消費税を確認。

2. 経理部・決算整理仕訳 をクリック。
   内容を入力し 保存 。
   ＊消費税の仕組
   　仮払消費税：仕入れや費用（給料は除く）は、支払い時に相手に支払われる。
   　仮受消費税：売上時に相手から一時的に受け取る。

   　決算時に仮払消費税と仮受消費税を比較する。
   「仮払＞仮受」の場合、還付されるので未収金勘定科目を使用。
   「仮払＜仮受」の場合、未払消費税等で処理する。

各自の会社の精算表を印刷する。
決算が確定後、貸借対照表　損益計算書も印刷する。

1. 照会・集計・八桁精算表 をクリック。

2. 印刷 をクリック。

3. 貸借対照表、損益計算書の印刷。